올바른 가치관 세우기

너는 꿈을 어떻게 이룰래? 11

리앙즈웬 지음 ┃ 리선애 옮김

한언

너는 꿈을 어떻게 이룰래? 11

올바른 가치관 세우기

펴 냄   2007년 4월 30일 1판 1쇄 박음 | 2007년 5월 1일 1판 1쇄 펴냄
지은이   리앙즈웬 (梁志援)
옮긴이   리선애
펴낸이   김철종
펴낸곳   (주)한언
         등록번호 제1-128호 / 등록일자 1983. 9. 30
주 소   서울시 마포구 신수동 63-14 구 프라자 6층 (우 121-854)
         TEL. 02-701-6616(대) / FAX. 02-701-4449
책임편집   윤혜영 hyyun@haneon.com
디자인   김신애 sakim@haneon.com
일러스트   김신애 sakim@haneon.com
홈페이지   www.haneon.com
e-mail   haneon@haneon.com
         이 책의 무단전재 및 복제를 금합니다.
         잘못 만들어진 책은 구입하신 서점에서 바꾸어 드립니다.

         ISBN 978-89-5596-421-9 44320
         ISBN 978-89-5596-329-8 44320 (세트)

올바른 가치관 세우기

너는 꿈을 어떻게 이룰래? 11

꿈꾸는 아이들에게는
지식을 선물할 것이 아니라
지혜를 선물해야 합니다.

어린이들에게 지혜의 문을 열어주자

이 책은 왜 출간되었는가?

오늘날처럼 급변하는 시대에 전통적인 교육 시스템은 새로운 욕구를 만족시키지 못하는 경우가 많다. 일상생활에서 반드시 필요한 시간관리, 금전관리, 인간관계, 목표설정, 리더십, 문제해결 능력 등은 전통적인 교육방식으로는 배울 수 없는 것들이다. 《너는 꿈을 어떻게 이룰래?》시리즈는 바로 이러한 문제인식에서 출발하여 출간되었다. 이 시리즈는 동시대와 호흡하고 있는 여러 분야의 대가들의 지혜를 모델로 삼았으며, 그들의 사고방식(Thinking Model)을 재미있는 이야기로 엮었다. 또한 다양한 심리학적 지식을 참고하고 그 방법을 적용하여 학생들의 이해력을 돕고자 노력했다.

이 책은 누구를 위한 것인가?

이 책은 초등학교 4학년부터 중학교 3학년(약 9~15세) 학생들이 앞으로 인생을 살아가는 데 꼭 필요한 인성을 익힐 수 있도록 집필되었다. 만약 어린 학생이 이 책을 본다면 선생님과 부모님들은 그들의 이해 수준에 따라 적절한 설명을 곁들여야 효과가 클 것이다. 연습문제는 그대로 따라 풀 수 있도록 구성하였다. 물론 이 책은 성인들에게도 도움이 된다고 생각한다. 다만, 어린이들은 사물에 호기심이 많고 이해가 빠르기 때문에 사고방식 훈련에 더욱 좋은 효과가 있으리라 생각한다.

선생님과 부모님들은 이 책을 어떻게 활용해야 할까?

선생님과 부모님들은 먼저 지문의 요점을 이해한 다음, 아이들에게 설명하고 연습문제를 풀게 한다. 또 선생님과 부모님은 아이들의 인성교육에 있어 훌륭한 조언자이기 때문에 그들의 모범이 되어야 하며, 자신의 경험에 비추어 학생들과 함께 답안을 작성하고 느낀 점에 대해 토론해야 한다. 이 과정에서 학생들의 다양한 생각을 북돋워주고, 그 사고방식이 학생들의 생활에 소중한 가치관으로 자리 잡게 하며 이를 습관화하도록 도와준다. 그럼으로써 어른들은 자신의 삶을 되돌아볼 수 있고, 아이들의 인생은 보다 풍요롭고 행복해질 것이다.

이 책은 정답이 없다!

책 뒷부분에 제시된 답안은 학생들의 올바른 사고방식과 가치관 형성을 돕고자 하는 참고답안일 뿐 정답이 아니라는 점을 말해두고 싶다. 다양한 사고방식과 개인의 견해 차이를 인정해야 하기 때문이다. 참고답안에 얽매이기보다는 자유로운 토론과 사고를 통해 온전히 자신의 지혜로 만들기 바란다.

죽은 지식과 살아 있는 지혜

초등학교를 졸업할 때쯤 아이들의 신체조건, 지적 수준, 사고 능력은 거의 비슷하다고 할 수 있다. 그러나 오랜 세월이 지난 후 그 결과는 사뭇 다르다. 아마도 이러한 결과를 운의 몫으로 돌리는 사람도 있을 것이다. 어떤 사람들은 운이 따르지 않아서 성공할 수 없었고, 어떤 사람들은 운 좋게 귀인을 만나 성공했다고 생각할 수도 있다. 그렇다면 행운 외에 다른 이유는 없는 것일까? 한 학년의 학업을 마쳤다는 것은 학교에서 배운 지식과 능력이 다른 사람과 별 차이가 없다는 것을 의미한다. 그런데 왜 일부분의 사람들만 배운 지식을 자유자재로 활용할 수 있을까? 그것은 그들에게 또 다른 살아있는 지혜가 있기 때문이다.

지식사회에서 살고 있는 우리는 그 어느 때보다 지식에 대한 욕구가 간절하다. 우리는 반드시 이전보다 더 치열하게 학습하고 많은 시간을 투자해야 한다. 예를 들면 대학을 졸업하고 나서도 전공 관련 자격증을 취득하거나 앞으로 생계유지에 필요한 전문기술을 배워야 한다. 기초적인 전문기술이 우리의 경쟁력을 높여주고, 생계유지 차원에서 도움이 된다는 것은 의심할 여지가 없다. 그러나 이런 '죽은 지식'을 자유자재로 활용하려면 반드시 '산지식'을 자유자재로 활용할 수 있는 능력이 필요하다. 그렇다면 '산지식'을 활용할 수 있는 능력이란 무엇인가?

유명한 미래학자 존 나이스비트 *John Naisbitt* 는 지식사회에서 다음과 같은 네 가지 기능을 습득해야 한다고 말한다. 그것은 바로 공부하는 방법, 생각하는 방법, 창조하는 방법, 교제하는 방법이다.

같은 분야의 전문 자격증을 취득한 엔지니어 두 명이 있었다. 그중 A라는 사람은 공부하는 방법을 알고 있었기 때문에 급속하게 변화하는 시장의 요구에 맞춰 신제품 관련 지식을 파악할 수 있었고, 사람들과 교제하는 방법과 표현능력이 뛰어났기 때문에 더 많은 주문을 받을 수 있었다. 또한 창의적인 사고방식을 가지고 있어서 어려운 문제에 봉착했을 때 빠르고 쉽게 해결할 수 있었다. 그리고 과거를 반성하고 미래를 예측할 수 있는 혜안 덕분에 더욱 많은 기회를 잡을 수 있었다. 그러나 B라는 사람은 A처럼 그렇지 못했기 때문에 그에 비해 성공적인 삶을 살지 못했다.

죽은 지식과 산지식 사이에는 다음과 같은 차이점이 있다.

* 죽은 지식은 쉽게 시대에 뒤떨어지고 새로운 지식에 자리를 내주지만, 산지식은 평생 활용이 가능하다.
* 죽은 지식을 습득하는 데는 많은 시간이 필요하지만, 산지식은 짧은 시간 안에 쉽게 배울 수 있다. 그러나 산지식을 이해할 수도 인정할 수도 없는 사람들은 평생 걸려도 배우지 못한다.
* 죽은 지식은 일반적으로 학교에서 교과과정을 통해 배울 수 있지만, 산지식은 언제 어디서나 정해진 틀에 얽매이지 않고 배울 수 있다.
* 죽은 지식은 평가가 가능하지만, 산지식은 정확하게 평가하기가 어렵고 긴 시간이 지나야 그 결과를 통해 알 수 있다. 그러나 확실하게 산지식을 배울 수 있다면 그 효과는 굉장하다.

성공한 사람들의 공통점이 있다면 그들은 산지식의 소유자라는 것이다. 리앙즈웬 선생이 쓴《너는 꿈을 어떻게 이룰래?》시리즈는 바로 세계적인 교육의 새로운 흐름에 따라 집필된 '산지식' 이라 하겠다. 이 시리즈는 지식사회가 요구하는 인재육성을 위한 훌륭한 교과서다. 이 책의 특징은 어려운 문장은 피하고, 간결하고 정확한 언어를 사용했다는 점이다. 연습문제를 통해 학생들이 쉽게 이해하고, 그

숨은 뜻을 바로 습득할 수 있도록 구성했다. 즉, 이 책에서 제기된 많은 지식들은 사람들이 평생 배워도 체계적으로 터득하기 어려운 산지식이라고 자신 있게 말할 수 있다. 아이들이 이 시리즈를 통해 평생 사는 데 도움이 되는 훌륭한 지혜들을 얻기 바란다.

–존 라우《너는 꿈을 어떻게 이룰래?》시리즈 고문

올바른 가치관은 인생의 등대와 같습니다

학부모들의 책임은 자녀들에게 풍족한 재산을 물려주는 것이 아닙니다. 아이들이 한평생 지니고 살아가게 될 올바른 가치관을 형성할 수 있도록 도와주는 것입니다.

가난한 가정에서 태어나 어릴 적부터 온갖 시련을 다 겪으며 끝내 인생의 정상에 오르고마는 사람도 있습니다. 그렇다면 우리의 인생에 영향을 주는 것은 무엇일까요? 한 사람의 운명을 결정하는 것은 부유한 가정도 개인의 타고난 재능도 아닙니다. 그렇다고 뛰어난 지능도 하늘이 주신 기회도 아닙니다. 그것은 바로 올바른 가치관입니다.

모든 사람이 가치관을 갖고 있습니다. 가치관이란 인간이 자신을 포함한 세계나 그 속의 사물과 현상을 대하는 근본적인 태도입니다. 가치관은 우리의 모든 행동에 녹아들어 있습니다. 또한 미래에 우리가 어떤 사람이 되고, 어떻게 생활하며, 다른 사람과 어떻게 일을 해나가는가와 관련된 태도입니다. 따라서 올바른 가치관을 지녀야만 청소년들이 불확실한 세상과 치열한 경쟁 속에서도 전혀 흔들리지 않고 열정과 희망이 넘치는 인생을 살 수 있습니다.

이 책에는 가치관에 대한 교육전문가들의 의견과 그들의 교육방법을 모아놓았습니다. 또한 청소년에게 영향을 주는 16가지 중요한 가치관을 엄선해놓았습니다. 청소년들은 이 책에 실린 연습문제와 이야기 및 생각해보기 등을 통해 올바른 성품을 지닐 수 있습니다.

마지막으로 '몸소 모범을 보이는 것이 가르치는 것보다 중요하다'는 말이 있습니다. 학부모나 교사들이 평소에 올바른 가치관을 가지고 행동한다면 청소년들도 무의식적으로 아름다운 성품을 배울 수 있습니다. 이것은 학부모나 교사들이 청소년들에게 주는 가장 소중한 삶의 선물이 될 것입니다.

차례

1 | 감사

'나는 얼마나 복 받은 사람인가!' 늘 감사하는 마음을 갖고 사세요. 왜냐하면 현재 우리가 누리고 있는 모든 것은 결코 당연한 것이 아니기 때문입니다.

우리가 누리는 모든 것 중 어느 한 가지도 당연한 것은 없답니다. 그러므로 우리는 태양의 존재에도 감사해야 해요. 또 생명과 꽃, 새들의 존재에 대해서도요. 우리를 둘러싸고 있는 모든 것이 존재하지 않는다면 우리는 어떠한 행복도 누릴 수가 없습니다. 따라서 우리는 언제나 감사하는 마음을 갖고 살아야 합니다.

1 감사란

감사란 살아가면서 자신이 소유하게 되는 모든 것에 고마움을 느끼고 현재 처한 상황에 고마움을 표현하는 것을 말합니다.

또한 감사란 자신에게 주어진 재능과 살아가면서 보고, 들은 것에 대해서도 고마움을 표현하는 것입니다. 모든 일은 상대적입니다. 지금 아무리 힘든 처지에 있다 해도 어느 누군가는 훨씬 더 괴로운 상황에 있을 수도 있음을 잊지 마세요. 우리는 고통 속에서도 더 고통스럽지 않아서 다행이라고 생각해야 합니다.

01 우리는 왜 늘 감사하는 마음을 갖고 살아야 하나요?

    ☐ 가. 우리가 누리는 모든 것 중에서 한 가지도 당연히 포기해야 하는 것은 없다.

    ☐ 나. 우리가 누리는 모든 것 중에서 한 가지도 당연히 함께 나누어야 하는 것은 없다.

    ☐ 다. 우리가 누리는 모든 것 중에서 한 가지도 당연한 것은 없다.

    ☐ 라. 우리가 누리는 모든 것 중에서 한 가지도 당연히 창조해야 하는 것은 없다.

02 다음 중 어떤 것에 감사해야 할까요? (정답을 모두 고르세요)

    ☐ 가. 날아가는 새   ☐ 나. 달

    ☐ 다. 태양   ☐ 라. 별

    ☐ 마. 산   ☐ 바. 공기

03 감사란 무엇인가요?

    ☐ 가. 자신의 재능에 대해서만 고마움을 표현하는 것이다.

    ☐ 나. 모든 일에 대해 고마움을 표현하는 것이다.

    ☐ 다. 친척과 친구들에게만 고마움을 표현하는 것이다.

    ☐ 라. 부모님과 선생님에게만 고마움을 표현하는 것이다.

04 집에 도둑이 들었는데 다행이 재산 피해가 작았어요. 우리는 어떻게 감사해야 할까요? (정답을 모두 고르세요)

    ☐ 가. 내가 훔친 것이 아니다.

    ☐ 나. 가족들이 다치지 않았다.

    ☐ 다. 재산을 잃음으로써 문단속의 중요성을 알게 되었다.

    ☐ 라. 도둑이 안전하게 떠날 수 있었다.

    ☐ 마. 재산의 일부만 잃었을 뿐, 모든 것을 잃은 것이 아니다.

    ☐ 바. 잃어버린 재산은 영원히 되찾을 수 없다.

05 감사할 줄 아는 사람은 어떤 태도를 갖고 살까요?

□ 가. 어떤 환경에서든 아무 생각 없이 말한다.

□ 나. 어떤 환경에서든 망설인다.

□ 다. 어떤 환경에서든 행복과 만족을 느낀다.

□ 라. 어떤 환경에서든 남을 원망하고 비난한다.

2 감사하는 마음

나는 아침에 알람이 시끄럽게 울리면 얼굴을 찌푸리며 이불을 머리까지 뒤집어 쓴다. 하지만 하느님께 감사드린다. 왜냐하면 나는 들을 수 있기 때문이다. 세상에는 듣지 못하는 사람들도 많다. 나는 아침에 창문으로 들어오는 따가운 햇살에 잠이 깨면 짜증이 난다. 하지만 하느님께 감사드린다. 왜냐하면 나는 볼 수 있기 때문이다. 세상에는 볼 수 없는 사람들도 많다. 나는 또한 아침에 침대에서 벌떡 일어나기를 싫어한다. 하지만 하느님께 감사드린다. 왜냐하면 이불을 차고 일어날 수 있는 힘이 있기 때문이다. 세상에는 한평생 침대에서 일어나지 못하는 사람들도 많다.

이렇게 시작 한 하루는 처음부터 엉망진창이다. 양말도 찾을 수가 없고 국은 끓어 넘치고 설상가상으로 아기는 울며 보챈다. 가족들은 모두 얼굴을 잔뜩 찌푸리고 있다. 하지만 나는 하느님께 감사드린다. 나에게는 가족이 있기 때문이다. 세상에는 혼자서 외롭게 사는 사람들도 많다. 나의 아침 밥상은 풍성하거나 화려하지 않다. 매일 아침을 대충 때우지만 나에게 먹을 것을 주신 하느님께 감사드린다. 세상에는 굶주리는 사람들이 얼마나 많은지 모른다. 매일의 업무가 지루하지만 직장이 있다는 것만으로도 나는 감사드린다. 세상에는 직장을 잃은 사람들이 많다. 사람들은 늘 원망한다. 운이 나쁘다고 불평하기도 한다. 하지만 나는 생명을 주신 하느님께 감사드린다.

(이 글은 인터넷에서 발췌한 글입니다.)

01 알람시계가 짜증나게 했는데도 '나'는 왜 하느님께 감사드릴까요?

☐ 가. 눈이 아픈 사람들도 많기 때문에

☐ 나. 듣지 못하는 사람들도 많기 때문에

☐ 다. 알람시계가 없는 사람들도 많기 때문에

☐ 라. 알람시계를 잃어버린 사람들도 많기 때문에

02 따가운 아침햇살에 짜증나지만 '나'는 왜 하느님께 감사드릴까요?

☐ 가. 많은 사람들이 근시이기 때문에

☐ 나. 많은 사람들이 원시이기 때문에

☐ 다. 많은 사람들이 눈병을 앓고 있기 때문에

☐ 라. 많은 사람들이 보지 못하기 때문에

03 아침마다 침대에서 일어나기 싫지만 '나'는 왜 하느님께 감사드릴까요?

☐ 가. 바닥에서 자는 사람들도 많기 때문에

☐ 나. 침대에서 잘 수 없는 사람들도 많기 때문에

☐ 다. 침대가 없는 사람들도 많기 때문에

☐ 라. 한평생 침대에 누워있는 사람들도 많기 때문에

04 가족들은 모두 얼굴을 찌푸지만 '나'는 왜 하느님께 감사드릴까요?

☐ 가. 혼자서 외롭게 사는 사람들도 많기 때문에

☐ 나. 혼자서 즐겁게 사는 사람들도 많기 때문에

☐ 다. 다같이 비참하게 사는 사람들도 많기 때문에

☐ 라. 다같이 행복하게사는 사람들도 많기 때문에

05 매일 아침을 대충 때우지만 '나'는 왜 하느님께 감사드릴까요?

　□ 가. 많은 사람들이 맛있는 아침을 먹지 못하기 때문에

　□ 나. 많은 사람들이 아침을 먹지 않기 때문에

　□ 다. 많은 사람들이 굶주림에 시달리기 때문에

　□ 라. 많은 사람들이 아침에 물만 마시기 때문에

06 매일의 업무가 지루하지만 '나'는 왜 하느님께 감사드릴까요?

　□ 가. 많은 사람들이 자기가 하는 일을 싫어하기 때문에

　□ 나. 많은 사람들이 매일 똑같은 일을 하기 때문에

　□ 다. 많은 사람들이 쉬운 일을 하기 때문에

　□ 라. 많은 사람들이 직장도 없기 때문에

07 양말 한 짝이 없어졌을 때 우리는 어떤 이유로 하느님께 감사드려야 할까요?

　□ 가. 양말을 많이 가지고 있는 사람들이 있다.

　□ 나. 양말이 없는 사람들도 많다.

　□ 다. 없어진 양말은 비싼 것이다.

　□ 라. 없어진 양말은 선물받은 것이다.

3 감사를 배우세요

　우리는 늘 자신이 가진 것, 예를 들면 음식, 돈, 건강, 오락, 가정, 학습 등을 당연하게 생각합니다. 그리고 자신이 가진 것과 다른 사람이 가진 것을 비교하지요. 그러면 현재 자신이 갖고 있는 것에 만족하지 못하게 됩니다. 만약 여러분도 자신이 가지지 못한 것에 대해 원망한 적이 있다면 아래의 수치를 한번 꼼꼼하게 살펴보세요. 이것은 월드비전 *World Vision*(기독교 NGO단체)에서 조사한 통계수치예요.

- 전 세계 인구 가운데 10억 명이 매우 가난하게 살고 있으며 그 중 6억 명이 어린이다.
- 매일 3억 명의 어린이들이 기아에 허덕인다.
- 전 세계적으로 5초에 한 명 꼴로 어린이가 영양실조 혹은 영양과 관련된 질병으로 죽는다.
- 매일 평균 2만 4천 명이 기아 혹은 기아와 관련된 질병으로 죽는다.
- 전 세계 1억 2천 5백만 명의 적령기 어린이들이 학교에 다니지 못하고 있다. 그 중 2/3가 여자 어린이다.

오늘 밤 잠자리에 들기 전에 나는 하느님께 어떤 말을 해야 할까요?

01 우리는 자신이 가지고 있는 것에 대해 어떻게 생각하나요?

☐ 가. 당연하게 생각한다.

☐ 나. 아주 보잘 것 없는 것으로 생각한다.

☐ 다. 아주 귀중하게 생각한다.

☐ 라. 손쉽게 얻을 수 있다고 생각한다.

02 다음 중 자신이 누리고 있는 것을 찾아 ☐안에 ∨표시를 하세요.

(모두 고르세요)

☐ 전쟁이 없는 환경	☐ 충분한 돈	☐ 학교 교육
☐ 컴퓨터 사용	☐ 경찰의 보호	☐ 굶지 않는다.
☐ 무시당하지 않는다.	☐ 택시	☐ 깨끗한 옷
☐ 대도시에 산다.	☐ 행복한 가정	☐ 건강한 몸
☐ 신앙의 자유	☐ 과외활동	☐ TV시청
☐ 영양가 있는 음식	☐ 의료서비스	☐ 음악감상
☐ 예쁜 몸매	☐ 안전한 거주환경	☐ 깨끗한 음료수
☐ 비바람을 피할 집	☐ 법의 보호	☐ 여가시간
☐ 외국여행	☐ 전기	☐ 시내버스
☐ 영화관람	☐ 편안한 잠자리	☐ 계산능력

03 우리는 어떻게 감사하는 마음을 가져야 하나요?

☐ 가. 내가 가지고 있는 것을 소중히 여기고, 나한테 없는 것을 욕심내지 않는다.

☐ 나. 내가 가지고 있는 것을 무시하고, 나한테 없는 것을 욕심낸다.

☐ 다. 내가 가지고 있는 것을 소중히 여기고, 나한테 없는 것을 욕심낸다.

☐ 라. 내가 가지고 있는 것을 무시하고, 나한테 없는 것도 무시한다.

4 감사하는 마음

감사하는 마음은 인생에서 가장 소중한 선물입니다. 그것은 즐거움의 원천으로 진정한 만족과 기쁨을 느끼게 하며 어떠한 환경 속에서도 우리를 행복하게 만듭니다. 진정한 감사는 억지가 아니라 마음속 깊은 곳에서 저절로 우러나오는 진실한 감격이에요. 누군가가 자신의 성공으로 자랑스러움을 느낄 때, 그 사람은 성공하게끔 도와준 다른 사람에게 감사드려야 합니다. 감사는 우리가 늘 연습해야 하는 것입니다. 매일 아침 눈을 뜨면 감사로 시작하고 잠들기 전에 감사로 마무리해야 합니다. 모든 일에 감사하는 것을 하나의 습관으로 만든다면 인생은 그때부터 달라질 거예요.

01 감사하는 마음은 무엇의 원천입니까?

☐ 가. 부유　　　　　☐ 나. 영예

☐ 다. 즐거움　　　　☐ 라. 승리

02 진정한 감사란 무엇일까요?

☐ 가. 마음속 깊은 곳에서 우러나오는 충성스런 감격이다.

☐ 나. 마음속 깊은 곳에서 우러나오는 경건한 감격이다.

☐ 다. 마음속 깊은 곳에서 우러나오는 진실한 감격이다.

☐ 라. 마음속 깊은 곳에서 우러나오는 열정적인 감격이다.

03 여러분은 지금 누구에게 감사드려야 할까요?

(모두 고르세요)

☐ 가. 선생님

☐ 나. 아버지

☐ 다. 어머니

☐ 라. 형 또는 누나

☐ 마. 오빠 또는 언니

☐ 바. 동창

☐ 사. 친구

☐ 아. 동생

04 다음 중 아래 어떤 행동이 감사하는 습관을 키워줄 수 있을까요?

(정답을 모두 고르세요)

☐ 가. 아침에 눈을 뜨면 감사로 하루를 시작한다.

☐ 나. 약간의 시간을 할애하여 가난한 사람을 돕는다.

☐ 다. 내가 감사해야 할 모든 일들을 종이에 적는다.

☐ 라. 큰소리로 감사하다고 말한다.

☐ 마. 메모지에 감사의 말을 적어서 상대방에게 건넨다.

☐ 바. 지금 가지고 있는 모든 것을 잃는다고 생각해본다.

☐ 사. 잠들기 전에 감사로 하루를 마무리한다.

☐ 아. 좌절과 도전 속에서 기쁨과 위안을 발견한다.

☐ 자. 선물로 감사하는 마음을 나타낸다.

☐ 차. 매일 세 끼 밥을 먹을 수 있음에 감사한다.

5 생각해보기

자신이 가지고 있는 모든 것을 적어 봅시다. 또한 자신을 도와준 사람들이 누구
인지도 적어봅시다.

_____

_____

_____

_____

_____

 제 1과 **학습 포인트**

✓ 우리가 가진 모든 것 중에서 어느 한 가지도 우리가 당연히 가질 수 있는
것은 없다. 따라서 우리는 언제나 감사하는 마음을 갖고 살아야 한다.

✓ 감사란 마음속으로 내가 가진 모든 것에 고마움을 표현하는 것이다.

✓ 우리가 현재 누리고 있는 모든 것은 당연한 것이 아니다.

✓ 내가 가지고 있는 것을 소중히 여기고 나한테 없는 것을 욕심부리지 마라.

✓ 감사하는 마음은 인생에서 가장 소중한 선물이며 즐거움의 원천이다.

✓ 진정한 감사는 마음속에서 우러나오는 진실한 감격이다.

✓ 모든 일에 감사하라. 그리고 감사하는 태도를 습관으로 만들어라.

2 나눔

주는 것이 받는 것보다 행복하다.

오늘날과 같은 상업사회에 사는 우리들은 많은 일들을 '거래'라는 말로 표현해요. 거래란 노력하면 그에 어울리는 보상을 받을 수 있다는 뜻입니다. 예를 들면 우리가 어떤 회사에 시간과 노동력을 제공하면 월급을 받게 되는 것과 같습니다. 이처럼 세상에는 아무런 노력도 없이 공짜로 얻을 수 있는 것은 없어요. 심지어 자신이 살아 숨쉬는 것 조차도 공짜가 아닙니다. 하지만 이럴 때일수록 '나눔'은 중요해요. 이 모든 노력도 '나눔'이라는 미덕과 함께 하지 않는다면 가치가 떨어질 테니까요.

1 나눔이란

나눔이란 자신이 가지고 있는 것을 다른 사람에게 조건 없이 스스로 주는 것입니다. 나눔은 꼭 돈이나 물건으로 주는 것만이 아닙니다. 시간을 들여 누군가의 이야기를 들어주는 것도 나눔입니다. 친절을 베푸는 것도, 즐거움을 나누는 것도, 관심을 갖는 것도, 봉사를 하거나, 재능을 발휘하는 것도 나눔입니다.

정이 없는 사람은 사랑을 베풀 수가 없어요. 뿐만 아니라 자신이 즐겁지 않으면 다른 사람과 즐거움을 함께 할 수 없습니다. 따라서 무엇이든 우리가 먼저 가져야만 이웃과 함께 나눌 수 있어요. 하지만 베푸는 자가 많이 가졌다고 해서 상대를 업신여겨서는 안 됩니다. 그리고 부자만 베풀 수 있는 것은 아니예요. 가난한 사람도 충분히 베풀 수 있습니다.

01 상업사회의 거래는 어떤 특징이 있나요?

　　☐ 가. 노력을 하지 않아도 보상을 받을 수 있다.

　　☐ 나. 먼저 보상을 받아야 노력한다.

　　☐ 다. 노력하면 그에 어울리는 보상을 받을 수 있다.

　　☐ 라. 노력해도 보상을 받지 못한다.

02 나눔의 특징은 무엇일까요? (정답을 모두 고르세요)

　　☐ 가. 누구나 나눌 수 있다.

　　☐ 나. 조건 없이 스스로 다른 사람에게 주는 것이다.

　　☐ 다. 베푸는 자는 사회적으로 반드시 그 위대함을 인정받아야 한다.

　　☐ 라. 베푸는 자가 먼저 가져야만 이웃과 함께 나눌 수 있다.

　　☐ 마. 나눔은 돈과 물건으로만 베푸는 것이 아니다.

　　☐ 바. 주는 자는 받는 자를 업신 여기지 말아야 한다.

03 나눔은 어떤 형태의 미덕일까요?

　　☐ 가. 존중　　　　☐ 나. 감사

　　☐ 다. 사랑　　　　☐ 라. 베풂

04 다음 중 다른 사람들에게 베풀 수 있는 것은 무엇일까요?

　　(정답을 모두 고르세요)

　　☐ 가. 사랑　　　　☐ 나. 가르침

　　☐ 다. 봉사　　　　☐ 라. 재능

　　☐ 마. 이해　　　　☐ 바. 친절

　　☐ 사. 미소　　　　☐ 아. 이야기 들어주기

05 다음 중 나눔의 표현은 무엇일까요? (정답을 모두 고르세요)

☐ 가. 거동이 불편한 이웃을 위해 물건을 사다 준다.

☐ 나. 홀로 지내는 노인과 함께 즐거운 시간을 보낸다.

☐ 다. 용돈의 일부를 복지기관에 기부한다.

☐ 라. 장애인을 위해 그의 집을 청소한다.

☐ 마. 보호자가 없는 환자와 재미있는 이야기를 나눈다.

☐ 바. 동생을 돌봐주는 대가로 용돈을 받는다.

☐ 사. 지역사회를 위해 자원봉사를 한다.

☐ 아. 친구의 고민을 귀담아 들어준다.

2 나눔을 실천한 월드와이드웹*World Wide Web*의 아버지

팀 버너스 리*Tim Berners Lee*는 1955년 런던의 과학자 집안에서 태어났습니다. 그는 부모님을 본받아 옥스퍼드 대학에서 물리학을 전공했지요. 졸업 후 그는 플레시 텔레커뮤니케이션을 비롯한 여러 업체에서 컴퓨터 프로그래머로 일했어요. 또 1980년부터는 CERN(유럽입자물리연구소)에서 일하게 되었습니다. 그는 그곳에서 일하면서 세계 각국의 과학자들과 정보를 공유해 함께 연구를 진행할 필요가 있다고 느끼게 됩니다. 그는 이 문제를 해결하기 위해 연구를 거듭했고, 1990년 마침내 월드와이드웹*World Wide Web*이 세상에 알려지게 됩니다. 하지만 그는 자신의 연구 아이디어로 특허권을 신청하는 대신 세상에 무상으로 공개했어요. 덕분에 인터넷은 비약적으로 발전했고 전 세계의 사람들이 무궁무진한 인터넷의 혜택을 누릴 수 있게 되었습니다. 그는 자신의 연구로 부를 추구하는 대신 세상과 나눔으로써 과학을 위해 헌신하는 진정한 학자의 모습을 보여주었어요. 그는 1999년 〈타임스〉가 선정한 '20세기 가장 영향력이 있는 100명의 영국인' 중 한 사람으로 뽑혔답니다.

01 팀 버너스 리는 어느 나라에서 태어났나요?

　　□ 가. 독일

　　□ 나. 영국

　　□ 다. 미국

　　□ 라. 프랑스

02 팀 버너스 리는 어느 대학을 졸업했나요?

　　□ 가. 하버드 대학

　　□ 나. 런던 대학

　　□ 다. 옥스퍼드 대학

　　□ 라. 캠브리지 대학

03 월드와이드웹은 언제 알려졌나요?

　　□ 가. 1989년

　　□ 나. 1990년

　　□ 다. 1991년

　　□ 라. 1992년

04 팀 버너스 리가 월드와이드웹을 발명하게 된 이유는 무엇인가요?

　　□ 가. 세계 각국의 화학자들과 정보를 공유하고 함께 연구를 진행했기 때문에

　　□ 나. 세계 각국의 수학자들과 정보를 공유하고 함께 연구를 진행했기 때문에

　　□ 다. 세계 각국의 외교가들과 정보를 공유하고 함께 연구를 진행했기 때문에

　　□ 라. 세계 각국의 과학자들과 정보를 공유하고 함께 연구를 진행했기 때문에

05 팀 버너스 리는 어떤 위대한 나눔을 실천했나요?

☐ 가. 돈을 조금만 받고 월드와이드웹의 아이디어를 공개했다.

☐ 나. 월드와이드웹의 연구를 포기했다.

☐ 다. 특허권 신청을 포기하고 무상으로 월드와이드웹의 아이디어를 공개했다.

☐ 라. 자신의 컴퓨터 사업을 중단하고 무상으로 월드와이드웹의 아이디어를 공개했다.

06 팀 버너스 리는 과학에 헌신하는 학자로서 어떤 모습을 보여주었나요?

☐ 가. 부를 최고로 여기는 정신

☐ 나. 과학을 동반자로 여기로 정신

☐ 다. 부를 추구하지 않는 나눔의 정신

☐ 라. 연구를 목숨처럼 여기는 정신

07 팀 버너스 리의 공헌은 세계에 어떤 영향을 미쳤나요? (정답을 모두 고르세요)

☐ 가. 인류의 생활을 불편하게 만들었다.

☐ 나. 세계 각국의 사람들이 정보를 공유하고 의견을 나눌 수 있게 되었다.

☐ 다. 인터넷이 소수 과학자를 위한 전문 서비스가 되었다.

☐ 라. 인류는 무궁무진한 인터넷의 혜택을 누릴 수 있게 되었다.

☐ 마. 인류의 생활방식을 변화시켰다.

☐ 바. 인터넷이 비약적인 속도로 발전하게 되었다.

08 팀 버너스 리는 인류에 어떤 고귀한 미덕을 보여주었나요?

☐ 가. 진정한 참여

☐ 나. 아낌없이 베풀기

☐ 다. 끈질긴 노력

☐ 라. 대가를 바라는 공헌

3 나눔을 배우세요

　나눔의 정신은 물의 순환과 비슷해요. 비가 내릴 때 공기가 차면 얼어서 눈이 되지요? 이 눈은 녹아서 강으로 흘러갑니다. 그리고 강물은 증발되어 구름이 되고 구름은 다시 비가 되어 내립니다. 이처럼 물은 끊임없이 순환합니다. 하지만 강물이 증발하지 않는다면 구름이 없어지겠죠? 그러면 더 이상 비가 내리지 않고 강물도 결국에는 말라버리고 말것 입니다? 나눔도 마찬가지입니다. 우리가 오늘 베푼다면 그만큼 내일 받을 수도 있어요.

01 다음 중 나눔의 정신과 비슷한 물의 순환은 무엇일까요?

　　☐ 가. 비 ➡ 강 ➡ 눈 ➡ 구름 ➡ 비

　　☐ 나. 비 ➡ 구름 ➡ 눈 ➡ 강 ➡ 비

　　☐ 다. 비 ➡ 눈 ➡ 강 ➡ 구름 ➡ 비

　　☐ 라. 비 ➡ 강 ➡ 구름 ➡ 눈 ➡ 비

02 오늘 베풀면 내일 어떤 일이 생길 수 있을까요?

　　☐ 가. 내일 다른 사람을 벌 줄지도 모른다.

　　☐ 나. 내일 다른 사람을 도와줄지도 모른다.

　　☐ 다. 내일 자신이 도움을 받게 될지도 모른다.

　　☐ 라. 내일 자신이 벌 받을지도 모른다.

03 다음의 순환 고리 중 어떤 것이 나눔의 정신과 가장 닮았을까요?

　　☐ 가. 과일나무 ➡ 꽃 ➡ 열매 ➡ 씨앗 ➡ 과일나무

　　☐ 나. 과일나무 ➡ 씨앗 ➡ 꽃 ➡ 열매 ➡ 과일나무

　　☐ 다. 과일나무 ➡ 열매 ➡ 씨앗 ➡ 꽃 ➡ 과일나무

　　☐ 라. 과일나무 ➡ 씨앗 ➡ 열매 ➡ 꽃 ➡ 과일나무

04 과일나무에 꽃이 피지 않는다면 최종적으로 어떤 결과가 생길까요?

　□ 가. 열매를 얻을 수 없다.

　□ 나. 잎이 떨어진다.

　□ 다. 씨앗을 뿌릴 수 없다.

　□ 라. 과일나무가 자라지 않는다.

05 만약 인생도 과일나무와 같다면 우리는 어떻게 해야 할까요?

　□ 가. 힘들게 거둔 수확을 다른 사람과 진정으로 나눌 줄 알아야 더욱 많은 씨앗을 얻게 된다.

　□ 나. 힘들게 거둔 수확을 다른 사람과 진정으로 나눌 줄 알아야 더욱 많은 꽃송이를 볼 수 있다.

　□ 다. 힘들게 거둔 수확을 다른 사람과 진정으로 나눌 줄 알아야 더욱 많은 열매를 거둘 수 있다.

　□ 라. 힘들게 거둔 수확을 다른 사람과 진정으로 나눌 줄 알아야 더욱 많은 과일나무가 자랄 수 있다.

4 연습 : '나누는 사람'과 '나누지 않는 사람'을 구분하세요.

01 오직 자신만 생각한다.

　□ 가. 나누는 사람　　　□ 나. 나누지 않는 사람

02 다른 사람을 생각한다.

　□ 가. 나누는 사람　　　□ 나. 나누지 않는 사람

03 자신이 가진 것은 너무 적다고 생각한다.

　　□ 가. 나누는 사람　　　□ 나. 나누지 않는 사람

04 다른 사람과 나누기를 즐긴다.

　　□ 가. 나누는 사람　　　□ 나. 나누지 않는 사람

05 마음 씀씀이가 크다.

　　□ 가. 나누는 사람　　　□ 나. 나누지 않는 사람

06 다른 사람을 축복해준다.

　　□ 가. 나누는 사람　　　□ 나. 나누지 않는 사람

07 다른 사람의 도움만 받는다.

　　□ 가. 나누는 사람　　　□ 나. 나누지 않는 사람

08 나눌 시간이 없다고 생각한다.

　　□ 가. 나누는 사람　　　□ 나. 나누지 않는 사람

09 부자만이 베풀 수 있다고 생각한다.

　　□ 가. 나누는 사람　　　□ 나. 나누지 않는 사람

10 다른 사람을 도와준다.

☐ 가. 나누는 사람　　　☐ 나. 나누지 않는 사람

11 다른 사람에게 도움이 필요한지 묻는다.

☐ 가. 나누는 사람　　　☐ 나. 나누지 않는 사람

12 다른 사람에게 의지하기만 한다.

☐ 가. 나누는 사람　　　☐ 나. 나누지 않는 사람

13 명예와 권력을 혼자만 누리려 한다.

☐ 가. 나누는 사람　　　☐ 나. 나누지 않는 사람

14 보답을 바라지 않는다.

☐ 가. 나누는 사람　　　☐ 나. 나누지 않는 사람

5 생각해보기

내가 가지고 있는 것들이 무엇인지 곰곰이 생각해보고 그것들을 어떻게 다른 사람들과 나눌 수 있는지 적어보세요.

_____

_____

_____

_____

_____

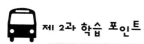 제 2과 학습 포인트

✓ 나눔이란 자신이 가지고 있는 것을 다른 사람에게 조건 없이 그리고
　스스로 주는 것이다.

✓ 우리가 먼저 가져야만 다른 사람과 나눌 수 있다.

✓ 누구나 베풀 수 있다.

✓ 나눔의 정신은 물의 순환과 같다.

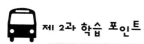

책임

우리는 살아가면서 반드시 자신이 한 행동과 말, 그리고 생각에 책임져야 합니다.

1 책임이란

　　모든 사람들이 책임감을 갖고 살아갑니다. 책임이란 자신의 역할에 맞는 일을 열심히 하는 거예요. 예를 들어 학생들은 그 날의 숙제를 마쳐야 하며, 어른이 되면 한 가정의 구성원으로서 책임을 집니다. 크게는 전 사회 혹은 인류에 대한 책임도 있습니다. 우리가 어디에 살든 책임이 따르기 마련입니다. 이처럼 우리는 매일 자신의 인생을 책임지며 살아가고 있어요. 책임을 질 줄 알아야 권리도 주장할 수 있거든요. 따라서 우리는 인생에서 자신이 맡고 있는 역할들 중 무엇도 소홀히 해서는 안됩니다. 핑계 대면서 자신의 책임을 절대 다른 사람에게 떠넘기지 마세요.

01 책임은 어떤 특징이 있나요? (정답을 모두 고르세요)

　　☐ 가. 누구나 다 책임감을 갖고 살아간다.

　　☐ 나. 책임은 자연히 사라진다.

　　☐ 다. 매일 자신의 인생을 책임진다.

　　☐ 라. 책임은 권리와 연결되어 있다.

　　☐ 마. 책임은 다른 사람에게 떠넘길 수 있다.

　　☐ 바. 어떤 책임은 소홀히 해도 된다.

　　☐ 사. 어른이 될수록 책임도 커진다.

　　☐ 아. 책임은 이행하지 않아도 된다.

02 책임이란 무엇일까요?

□ 가. 자신이 동의한 일을 열심히 하는 것이다.

□ 나. 자신이 싫어하는 일을 열심히 하는 것이다.

□ 다. 자신이 좋아하는 일을 열심히 하는 것이다.

□ 라. 자신의 역할에 맞는 일을 열심히 하는 것이다.

03 학생으로서 나의 책임은 무엇일까요? (정답을 모두 고르세요)

□ 가. 수업 내용을 예습한다.

□ 나. 수업시간에 늦지 않는다.

□ 다. 책가방을 정리한다.

□ 라. 자동차를 닦는다.

□ 마. 열심히 공부한다.

□ 바. 숙제를 마친다.

□ 사. 화분의 꽃을 가꾼다.

04 가정의 구성원으로서 나의 책임은 무엇일까요? (정답을 모두 고르세요)

□ 가. 자신의 애완동물을 잘 키운다.

□ 나. 자기 방을 청소한다.

□ 다. 스스로 옷을 입고 세수한다.

□ 라. 자신의 물건을 잘 정리해둔다.

□ 마. 집안일을 거든다.

□ 바. 집안의 가전제품을 함부로 다루지 않는다.

05 자녀에 대한 부모의 책임은 무엇일까요? (정답을 모두 고르세요)

□ 가. 자녀가 사달라고 하는 것은 모두 사준다.

□ 나. 자녀의 몸과 마음의 건강에 관심을 갖는다.

□ 다. 좋은 교육을 받을 수 있도록 한다.

□ 라. 올바른 가치관을 형성할 수 있게 도와준다.

□ 마. 자녀의 의식주를 돌본다.

□ 바. 자녀를 격려한다.

□ 사. 자녀가 앞으로 어떻게 살아갈지 정해준다.

06 승객의 안전을 위한 택시기사의 책임은 무엇일까요?

(정답을 모두 고르세요)

□ 가. 차량을 정기적으로 검사한다.

□ 나. 손님이 안전벨트를 했는지 확인한다.

□ 다. 교통규칙을 지킨다.

□ 라. 운전을 할 때는 휴대전화기를 사용하지 않는다.

□ 마. 속도위반해서라도 빨리 달린다.

□ 바. 긴급한 상황에서 졸음 운전한다.

□ 사. 운전할 때 항상 집중한다.

07 투표하는 사람의 책임은 무엇일까요?

□ 가. 잘생긴 후보자에게 투표한다.

□ 나. 후보자에게 잘 보이기 위해 투표한다.

□ 다. 후보자의 정책을 이해한 후에 투표한다.

□ 라. 후보자의 정책을 이해한 후에 투표하지 않는다.

08 한 사회를 구성하는 시민의 책임은 무엇일까요?

(정답을 모두 고르세요)

□ 가. 자신이 살고 있는 지역의 환경을 보호한다.

□ 나. 범죄가 발생하면 경찰에 신고한다.

☐ 다. 투표를 통해 시민의 대표를 뽑는다.

☐ 라. 헌혈하여 다른 사람들을 돕는다.

☐ 마. 이웃과 친하게 지내며 서로 돕는다.

☐ 바. 지역봉사활동에 동참한다.

☐ 사. 범죄자를 보더라도 모른 척한다.

09 책임감이 강한 사람은 어떤 태도를 가질까요?

☐ 가. 모든 방법을 동원하여 자신의 책임을 줄이고자 한다.

☐ 나. 모든 방법을 동원하여 자신의 책임을 완수하고자 한다.

☐ 다. 모든 방법을 동원하여 자신의 책임을 피하고자 한다.

☐ 라. 모든 방법을 동원하여 자신의 책임을 남에게 떠넘기려 한다.

10 어떻게 책임감을 키워야 할까요?

☐ 가. 나는 책임감 있는 사람이라고 떠들고 다닌다.

☐ 나. 친구의 숙제를 대신 해준다.

☐ 다. 매일 운동을 한다.

☐ 라. 매일 일상생활 속에서 작은 일부터 하나하나 시작한다.

11 자신의 책임을 완수하는 사람은 어떻게 변할까요?

☐ 가. 웃음이 사라진다.

☐ 나. 자신감 넘치고 즐거운 생활을 하게 된다.

☐ 다. 어떤 일을 할 때 시간이 오래 걸린다.

☐ 라. 무슨 일을 하든 힘들어진다.

2 미국의 레이건 *Regan* (1911~2004) 대통령 이야기

20세기 초 미국에 한 남자아이가 있었습니다. 어느날 그 아이는 마당에서 공을 차고 놀다 이웃집의 유리창을 깨고 말았어요. 그는 유리창 값 12.5달러를 물어주어야만 했습니다. 하지만 그는 가지고 있는 돈이 없었어요. 그래서 아버지께 돈을 빌렸습니다. 그리고 반년 동안 아르바이트를 해서 그 돈을 갚았어요. 이 책임감 강한 남자아이가 두 번이나 미국의 대통령에 당선된 레이건입니다. 그는 미국 역사상 가장 많은 나이에 대통령에 당선되었으며 가장 장수한 대통령이기도 합니다. 미국 정부는 레이건 대통령의 공헌에 감사하며 그에게 '대통령 자유훈장'을 수여했습니다. 또한 미국의 캘리포니아 주는 레이건의 생일을 '레이건의 날'로 정했어요.

01 레이건은 어린 시절 어떤 일을 저질렀나요?

☐ 가. 공을 차다가 친척집의 유리창을 깼다.

☐ 나. 공을 차다가 이웃집의 유리창을 깼다.

☐ 다. 공을 차다가 학교 건물의 유리창을 깼다.

☐ 라. 공을 차다가 친구네 집의 유리창을 깼다.

02 레이건은 위의 일을 어떻게 처리했나요?

☐ 가. 아버지한테 돈을 빌려 유리창 값을 물어준 후 용돈을 받아 갚았다.

☐ 나. 아버지한테 돈을 빌려 유리창 값을 물어준 후 힘들게 아르바이트를 해서 갚았다.

☐ 다. 아버지한테 돈을 빌려 유리창 값을 물어준 후 자신의 장난감을 팔아 갚았다.

☐ 라. 아버지한테 돈을 빌려 유리창 값을 물어준 후 용돈을 아껴서 갚았다.

03 레이건은 몇 번 대통령에 당선되었나요?

☐ 가. 1번　　　　　☐ 나. 2번

☐ 다. 3번　　　　　☐ 라. 4번

04 레이건 대통령의 생일을 '레이건의 날'로 정한 미국의 주는 어디인가요?

☐ 가. 캘리포니아　　　☐ 나. 뉴욕

☐ 다. 텍사스　　　　　☐ 라. 미시간

05 미국 정부는 레이건의 공헌에 대해 어떻게 감사를 표했나요?

☐ 가. 대통령 기사훈장을 수여하였다.

☐ 나. 대통령 박애훈장을 수여하였다.

☐ 다. 대통령 자유훈장을 수여하였다.

☐ 라. 대통령 민주훈장을 수여하였다.

06 레이건의 이야기에서 어떤 것을 배웠나요?

☐ 가. 일을 해서 돈을 벌어야겠다.

☐ 나. 나도 이웃집의 유리창을 깨면 아버지한테 돈을 빌려 물어주어야겠다.

☐ 다. 나도 미국의 대통령이 되고자 노력해야겠다.

☐ 라. 내 잘못에 대해 책임을 져야겠다.

3 책임을 배우세요

　책임은 한 사람이 사회의 일원이 되고, 일에서 성공하며, 행복한 가정을 꾸려나가는 데 가장 중요한 성품입니다. 책임을 진다는 것은 내가 살아가면서 어떤 일에 부딪치건 간에 그것이 나의 선택이었다는 점을 인정하는 것입니다. 책임을 지는 사람은 자신이 한 일의 결과를 책임지며, 실패하거나 혹은 잘못을 저질러도 다른 사람한테 책임을 떠넘기지 않습니다. 우리는 자신의 행동과 선택에 책임져야 합니다. 그래야 우리는 자기 인생의 운전자가 될 수 있어요.

01 자신의 인생을 달리고 있는 택시에 비유한다면 그 안에서 맡아야 하는 역할은 무엇일까요?

　□ 가. 짐　　　　　　□ 나. 손님

　□ 다. 자동차　　　　□ 라. 운전기사

02 위 문제에서 선택한 역할을 자신이 맡아야 하는 이유는 무엇일까요?

　□ 가. 택시가 달릴 때의 즐거움을 느낄 수 있다.

　□ 나. 택시의 방향과 속도를 좌우할 수 있다.

　□ 다. 막히는 길을 선택해도 책임지지 않아도 된다.

　□ 라. 길가의 아름다운 풍경을 감상할 수 있다.

03 만약 과도한 흡연으로 암에 걸렸다면 누가 이 일을 책임져야 하나요?

　□ 가. 언론

　□ 나. 광고회사

　□ 다. 자신

　□ 라. 담배회사

04 자신이 내린 결정은 누구에게 가장 큰 영향을 줄까요?

☐ 가. 자신

☐ 나. 친구

☐ 다. 부모님

☐ 라. 이웃

05 자신이 어떤 일에 실패했을 때 피해야 하는 행동은 무엇일까요?

☐ 가. 실패의 원인 생각하기

☐ 나. 실패에서 교훈 얻기

☐ 다. 실패에 대해 핑계대기

☐ 라. 실패로 좌절하지 않기

06 만약 자신이 어려운 환경에서 살고 있다면 그 상황을 극복할 책임은 누구에게 있을까요?

☐ 가. 자신

☐ 나. 동생

☐ 다. 부모님

☐ 라. 친구

07 만약 집에 있는 애완견을 자신이 길들이기로 했다면 어떤 책임을 져야 할까요?

☐ 가. 매일 시간을 내서 애완견을 훈련시킨다.

☐ 나. 애완견의 훈련에 관한 전문 서적을 읽는다.

☐ 다. 매일 애완견과 산책한다.

☐ 라. 매일 애완견과 놀아준다.

08 만약 자신이 학교 농구팀의 선수라면 어떤 책임을 져야 할까요?

☐ 가. 상대팀으로부터 공을 가로챈 후 혼자 슛한다.

☐ 나. 상대팀으로부터 공을 가로챈 후 슛하기 가장 좋은 위치에 있는 팀원에게 패스한다.

☐ 다. 공을 받으면 제일 가까운 팀원에게 패스한다.

☐ 라. 공을 받으면 반칙을 해서라도 슛한다.

4 연습 : '책임지는 사람'과 '책임지지 않는 사람'을 구분 하세요.

01 나는 이 일을 잘 해낼 수 있다.

☐ 가. 책임지는 사람 　　☐ 나. 책임지지 않는 사람

02 듣기 좋은 말로 친구를 속인다.

☐ 가. 책임지는 사람 　　☐ 나. 책임지지 않는 사람

03 나는 내 인생의 운전자다.

☐ 가. 책임지는 사람 　　☐ 나. 책임지지 않는 사람

04 쓰레기를 아무데나 버린다.

☐ 가. 책임지는 사람 　　☐ 나. 책임지지 않는 사람

05 익명의 이메일로 다른 사람을 공격한다.

　　□가. 책임지는 사람　　□나. 책임지지 않는 사람

06 술을 마시고 운전한다.

　　□가. 책임지는 사람　　□나. 책임지지 않는 사람

07 부모님께 걱정을 끼쳐드리지 않는다.

　　□가. 책임지는 사람　　□나. 책임지지 않는 사람

08 잘못을 저지른 후 그 사실을 숨기지 않고 인정한다.

　　□가. 책임지는 사람　　□나. 책임지지 않는 사람

09 손님이 집에 왔을 때 부모님을 도와드린다.

　　□가. 책임지는 사람　　□나. 책임지지 않는 사람

10 용돈을 계획하여 쓴다.

　　□가. 책임지는 사람　　□나. 책임지지 않는 사람

11 공중 화장실 벽에 마구 낙서한다.

　　□가. 책임지는 사람　　□나. 책임지지 않는 사람

12 자신이 사용한 물건들을 정리한다.

    ☐ 가. 책임지는 사람   ☐ 나. 책임지지 않는 사람

5 생각해보기

내가 책임져야 할 것들은 무엇이 있는지 적어보세요.

_____

_____

_____

_____

_____

 제 3과 학습 포인트

> ✓ 책임이란 자신의 역할을 알고 그 역할에 최선을 다하는 것이다.
>
> ✓ 책임져야만 권리도 주장할 수 있다.
>
> ✓ 어른이 될수록 누릴 수 있는 권리가 많아지지만 그에 따른 책임도 많아진다.
>
> ✓ 책임을 인정한다는 것은 자기 자신의 주인이 되는 것이며 자신이 한 일의 결과를 받아들이는 것이다.

4 ｜ 용기

돈을 잃은 것은 조금 잃은 것입니다.

건강을 잃은 것은 많이 잃은 것입니다.

용기를 잃은 것은 모든 것을 잃은 것입니다.

많은 사람들이 용기는 군인이나 영웅들만이 지닌 것이라고 생각합니다. 영화 속에 나오는 위험한 전투나 모험에만 필요한 것이라고요. 하지만 용기는 전쟁이나 위험한 상황에만 필요한 것이 아니에요. 용기는 매일 생활 속에서 꼭 필요한 것입니다. 왜냐하면 우리는 미래에 어떤 일이 벌어질지 알 수 없기 때문입니다. 언제든 슬프고 고통스러운 일이 생길 수 있어요. 그런 의미에서 생각해 보면 살아있다는 것도 용기라고 볼 수 있습니다.

1 용기란

용기란 어떤 위험한 상황에서도 변함없이 앞으로 나아가게 해주는 힘입니다. 용기를 가진다는 것은 결코 두려워하지 않는다는 뜻이 아니에요. 두려움에 압도당하지 않는다는 것이죠. 용감한 사람은 위험한 상황에서 무조건 뒷걸음질 치지 않고 상황을 정확하게 판단하고 행동합니다. 무슨 일이든 앞뒤 상황을 고려하지 않고 행동하는 사람은 용기있는 사람이 아니라 분별없는 사람이에요. 즉 무모하고 경솔하게 마구 부딪치는 사람이지요. 결과를 두려워하지 않는 이런 사람은 오히려 간이 콩알만 한 사람보다 더 위험하다고 할 수 있어요.

01 용기는 무엇을 이겨내는 힘일까요?

☐ 가. 기쁨

☐ 나. 즐거움

☐ 다. 간지러움

☐ 라. 두려움

02 용감한 사람은 어떤 특징이 있을까요? (정답을 모두 고르세요)

☐ 가. 자기중심적으로 생각하고 다른 사람을 배려하지 않는다.

☐ 나. 위험한 상황을 객관적으로 판단한다.

☐ 다. 두려움에 압도당한다.

☐ 라. 무조건 뒷걸음치지 않는다.

☐ 마. 위험한 상황에서는 아무것도 하지 않는다.

☐ 바. 상황을 판단한 후 행동으로 옮긴다.

03 과학자들이 지녀야 할 용기는 무엇일까요?

☐ 가. 쉬운 분야만 연구한다.

☐ 나. 어려운 분야만 연구한다.

☐ 다. 아직 개척되지 않은 분야를 연구한다.

☐ 라. 이미 연구가 많이 진행 된 분야를 연구한다.

04 국가 지도자는 어떠한 용기로 사회를 개선해야 하나요?

☐ 가. 국가의 영토를 외국인에게 판다.

☐ 나. 국가의 역사를 왜곡한다.

☐ 다. 공무원을 자기 마음대로 뽑는다.

☐ 라. 국가의 악습을 대담하게 개선한다.

05 우리가 생활 속에서 용기로 극복 할수 있는 것은 무엇일까요?

(정답을 모두 고르세요)

☐ 가. 실패   ☐ 나. 편견

☐ 다. 슬픔   ☐ 라. 가난

☐ 마. 질병   ☐ 바. 위험

06 용기와 나약함의 차이는 무엇일까요?

☐ 가. 용기는 위험이나 좌절에 맞서는 것이지만, 나약함은 두려워하지 않는 것이다.

☐ 나. 용기는 위험이나 좌절에 맞서는 것이지만, 나약함은 뒷걸음치면서 맞서지 않는 것이다.

☐ 다. 용기는 위험이나 좌절에 맞서는 것이지만, 나약함은 상황을 객관적으로 판단하는 것이다.

☐ 라. 용기는 위험이나 좌절에 맞서는 것이지만, 나약함은 불의를 보면 참지 않는 것이다.

07 분별없는 사람의 특징은 무엇인가요?

(정답을 모두 고르세요)

☐ 가. 전혀 두려워하지 않는다.

☐ 나. 신중하다.

☐ 다. 주제넘게 행동한다.

☐ 라. 무모하고 경솔하게 일을 처리한다.

☐ 마. 마구 부딪친다.

☐ 바. 앞뒤 상황을 고려하지 않는다.

☐ 사. 철저히 계획한 뒤 행동한다.

☐ 아. 결과를 고려하지 않는다.

2 위험 앞에 비폭력으로 저항한 간디의 용기

마하마트 간디 *Mahatma Gandhi*는 평생 온갖 위험과 좌절을 겪으며 조국의 독립을 위해 자신을 바친 인도의 영웅입니다. 하지만 간디도 처음부터 용기 있는 사람은 아니었어요. 젊은 시절의 간디는 변호사였죠. 영국에서 유학생활을 하던 중 남아프리카를 방문한 간디는 그곳의 심각한 인종차별을 보고 깨달음을 얻었어요. 그 후 간디는 인도로 돌아와 평화로운 방법으로 당시 인도를 통치했던 영국 지도자들의 폭력에 맞섰어요. 그의 용기 있는 행동으로 인도 국민들은 하나로 뭉칠 수 있었고 마침내 인도는 식민 통치에서 벗어나게 되었지요. 이것이 바로 간디의 비폭력 운동이에요. 한 역사학자는 간디에 대해 이렇게 말했어요. "간디의 위대함은 그의 용기에 있다." 간디는 원래 여위고 병약한 사람이었지만 인도의 독립이라는 꿈을 이루기 위해 용감하게 앞으로 나아갔습니다. 결국 그는 자신의 꿈을 이루었어요.

01 간디는 젊은 시절 어떤 일을 했나요?

☐ 가. 운전기사

☐ 나. 목사

☐ 다. 변호사

☐ 라. 교사

02 간디는 어느 나라에서 깨달음을 얻고 독립운동을 시작하게 되었나요?

☐ 가. 프랑스

☐ 나. 미국

☐ 다. 영국

☐ 라. 남아프리카

03 인도를 식민 통치한 나라는 어디인가요?

　　□ 가. 영국　　　　　□ 나. 프랑스

　　□ 다. 독일　　　　　□ 라. 미국

04 간디는 어떤 방법으로 식민 통치에 저항했나요?

　　□ 가. 비단결 운동

　　□ 나. 비저항 운동

　　□ 다. 비폭력 운동

　　□ 라. 비합리 운동

05 역사학자는 간디의 위대함이 어디에 있다고 평가했나요?

　　□ 가. 용기　　　　　□ 나. 인자함

　　□ 다. 유머　　　　　□ 라. 인내심

3 용기를 배우세요

　우리는 모두 두려움을 느낍니다. 두려움을 느낀다는 것 자체는 나쁜 것이 아니에요. 문제는 두려움을 어떻게 대하는가에 있어요. 두려움을 느낀다고 절대로 수치스러워할 필요는 없어요. 그리스의 철학자 아리스토텔레스는 이런 말을 남겼어요. "우리는 두려워하는 일을 해야만 용감한 사람이 된다." 아리스토텔레스의 말처럼 용기를 얻을 수 있는 유일한 방법은 용기를 행동으로 옮기는 거예요. 그러니 지금부터 스스로 용기를 표현할 수 있는 기회를 많이 찾아보세요. 예를 들어 친구의 무시나 비웃음에 항의하고 불의를 보면 앞에 나설 줄 알아야 해요. 용기는 돈으로 살 수도 없고 부모님에게 물려받을 수 있는 것도 아니에요. 자기 스스로 배워야 합니다. 그리고 실제 행동으로 옮겨야 하지요.

01 아리스토텔레스는 어떤 사람이 용감한 사람이라고 말했나요?

☐ 가. 하기 싫은 일을 한다.

☐ 나. 재미있는 일을 한다.

☐ 다. 두려운 일을 한다.

☐ 라. 간절한 일을 한다.

02 우리는 어떻게 두려움을 극복해야 할까요?

☐ 가. 점차 두려운 일을 하지 않는다.

☐ 나. 점차 두려운 일을 잊어버린다.

☐ 다. 점차 두려운 일을 멀리 한다.

☐ 라. 점차 두려운 일에 접근한다.

03 용기를 얻을 수 있는 유일한 방법은 무엇일까요?

☐ 가. 용기를 행동으로 옮긴다.

☐ 나. 용기의 뜻을 찾아본다.

☐ 다. 용기를 분석한다.

☐ 라. 용기를 이해한다.

04 다음 중 용기가 필요한 일은 무엇일까요? (정답을 모두 고르세요)

☐ 가. 많은 사람들이 동의하는 의견에 찬성할 때

☐ 나. 동료의 비웃음에 항의할 때

☐ 다. 불의를 보고 앞에 나설 때

☐ 라. 친구의 무시에 항의할 때

☐ 마. 친구들과 인사를 나눌 때

☐ 바. 위험한 상황에 처했을 때

4 연습 : '용기 있는 행동' 과 '용기 없는 행동' 을 구분하세요.

01 다른 사람들의 의견과 다르더라도 자신이 옳다고 생각하는 일을 한다.
　☐ 가. 용기 있는 행동　　☐ 나. 용기 없는 행동

02 어렵고 힘든 상황을 객관적으로 판단한다.
　☐ 가. 용기 있는 행동　　☐ 나. 용기 없는 행동

03 어려운 책에 도전한다.
　☐ 가. 용기 있는 행동　　☐ 나. 용기 없는 행동

04 처음 보는 친구에게 먼저 말을 건다.
　☐ 가. 용기 있는 행동　　☐ 나. 용기 없는 행동

05 옳지 않다고 생각하는 일은 하지 않는다.
　☐ 가. 용기 있는 행동　　☐ 나. 용기 없는 행동

06 부끄러움이 많은 사람이 학교에서 주최하는 웅변대회에 참가한다.
　☐ 가. 용기 있는 행동　　☐ 나. 용기 없는 행동

07 온갖 고생을 이겨내며 살아간다.

□ 가. 용기 있는 행동　　□ 나. 용기 없는 행동

08 자신의 단점을 고친다.

□ 가. 용기 있는 행동　　□ 나. 용기 없는 행동

09 가난 때문에 좌절하지 않는다.

□ 가. 용기 있는 행동　　□ 나. 용기 없는 행동

10 불의를 보고 아무 행동도 하지 않는다.

□ 가. 용기 있는 행동　　□ 나. 용기 없는 행동

11 자기의 신념을 거리낌 없이 밝힌다.

□ 가. 용기 있는 행동　　□ 나. 용기 없는 행동

12 학대받는 사람들을 기꺼이 도와준다.

□ 가. 용기 있는 행동　　□ 나. 용기 없는 행동

13 다른 사람의 자살을 막는다.

□ 가. 용기 있는 행동　　□ 나. 용기 없는 행동

14 불의를 보고도 선뜻 나서지 못한다.

  ☐ 가. 용기 있는 행동   ☐ 나. 용기 없는 행동

15 주위의 나쁜 친구들을 물리치지 못한다.

  ☐ 가. 용기 있는 행동   ☐ 나. 용기 없는 행동

16 물이 무섭지만 수영을 배우려고 노력한다.

  ☐ 가. 용기 있는 행동   ☐ 나. 용기 없는 행동

17 사람들 앞에 서면 긴장되고 떨리지만 끝까지 연설한다.

  ☐ 가. 용기 있는 행동   ☐ 나. 용기 없는 행동

18 치과에 갔을 때 치료의 고통을 이겨낼 거라고 결심한다.

  ☐ 가. 용기 있는 행동   ☐ 나. 용기 없는 행동

19 실패를 두려워하지 않고 과감히 실행한다.

  ☐ 가. 용기 있는 행동   ☐ 나. 용기 없는 행동

20 실패를 인정하고 실패를 통해서도 교훈을 얻는다.

  ☐ 가. 용기 있는 행동   ☐ 나. 용기 없는 행동

5 생각해보기

자신이 두려워하는 것은 무엇인지 적어보세요. 또 자신이 한 용기있는 행동도
적어보세요.

_____

_____

_____

_____

_____

 제4과 학습 포인트

✓ 용기는 매일 생활 속에서 발휘될 수 있다.

✓ 용기란 어떤 위험과 두려움 앞에서도 앞으로 나아갈 수 있는 힘이다.

✓ 용기를 얻을 수 있는 유일한 방법은 행동으로 옮기는 것이다.

✓ 용기는 돈으로 살 수 없고 부모님에게 물려받을 수도 없다. 반드시 스스
로 배우고 행동으로 옮겨야 한다.

 존중

내가 존중받길 원한다면 다른 사람도 존중해야 한다.

존중의 바탕은 '인간은 모두 평등하며 모두가 사랑받을 가치가 있다' 라는 것을 믿는 데 있어요. 우리는 서로 다른 존재입니다. 재능도, 경험도, 생김새도, 피부 색깔도, 살아온 환경도 모두 다릅니다. 하지만 우리 모두가 세상의 일부분이에요. 따라서 우리는 모든 사람을 공평하게 대하고 서로 존중해야 합니다.

1 존중이란

존중을 가장 잘 설명해주는 말은 '내가 존중받길 원한다면 다른 사람도 존중해야 한다' 라는 것이에요. 존중이란 바로 진심으로 다른 사람들의 생각에 관심을 갖는 것입니다. 또 모든 사람은 태어날 때부터 귀한 존재라는 점을 인정하는 것입니다. 우리는 모두 다릅니다. 사람마다 사물을 보는 눈이 다르고 현상을 이해하는 능력도 각각 달라요. 어느 한 사람의 생각과 행동이 다른 사람들의 것과 다르다는 이유로 그 사람을 받아들일 수 없다면 이것은 상대를 존중하지 않는 태도예요. 서로 존중하면 세상 사람들은 화목하게 지낼 수 있어요.

01 왜 우리는 서로 존중해야 하나요? (정답을 모두 고르세요)

☐ 가. 모든 사람은 다 똑같다.

☐ 나. 모든 사람은 세상의 일부분이다.

☐ 다. 모든 사람은 다 평등하다.

☐ 라. 모든 사람은 다 사랑받을 가치가 있다.

☐ 마. 모든 사람은 다 다르다.

02 서로 존중하면 이 세상에 어떤 점이 좋을까요?

☐ 가. 사람들이 서로 화목하게 지낼 수 없다.

☐ 나. 사람들이 서로 거짓말하게 된다.

☐ 다. 사람들이 서로 화목하게 지낼 수 있다.

☐ 라. 사람들이 서로를 믿을 수 없다.

03 다음 중 서로 존중해야 하는 인간관계는 무엇일까요?

(정답을 모두 고르세요)

☐ 가. 부모와 자식

☐ 나. 선생님과 학생

☐ 다. 코치와 축구부원

☐ 라. 상사와 부하

☐ 마. 남편과 아내

☐ 바. 고용주와 임시 직원

04 존중이란 무엇일까요?

☐ 가. 진심으로 다른 사람의 종교에 관심을 갖는다.

☐ 나. 진심으로 다른 사람의 성격에 관심을 갖는다.

☐ 다. 진심으로 다른 사람의 얼굴에 관심을 갖는다.

☐ 라. 진심으로 다른 사람의 생각에 관심을 갖는다.

05 우리는 다른 사람을 존중하는 마음을 어떻게 표현할까요?

(정답을 모두 고르세요)

☐ 가. 진심으로 다른 사람을 좋아한다.

☐ 나. 일부러 기분 나쁜 말을 한다.

☐ 다. 다른 사람의 말에 늘 귀 기울인다.

□라. 다른 사람을 예의 바르게 대한다.

□마. 정성껏 다른 사람을 대접한다.

□바. 다른 사람이 자신의 주장을 말할 수 있도록 배려한다.

06 다른 사람을 존중하지 않는 말은 어떤 느낌을 주나요?

□가. 기분 나쁘다.

□나. 감동적이다.

□다. 아무 느낌도 없다.

□라. 슬프다.

07 다른 사람에 대해 존중을 표현하는 방법에는 무엇이 있나요?

(정답을 모두 고르세요)

□가. 말로 표현한다.

□나. 글로 표현한다.

□다. 태도를 공손히 한다.

□라. 공손하게 악수를 청한다.

□마. 공손한 말투를 사용한다.

08 우리는 다른 사람의 어떤 면을 존중해야 하나요?

(정답을 모두 고르세요)

□가. 옷차림

□나. 종교

□다. 문화

□라. 생각

□마. 취미

□바. 습관

2 스승을 존중한 마리 퀴리(1867~1934)

라듐의 어머니로 불리는 마리 퀴리  *Marie Curie* 폴란드 태생의 프랑스 화학 자입니다. 퀴리는 노벨상을 두 번이나 받은 세계 유일의 여성 과학자예요.

1912년에 퀴리가 조국인 폴란드로 돌아왔을 때 일이에요. 퀴리는 당시 바르샤바에 설립된 라듐연구소에 들어갔어요. 사람들은 이를 축하하기 위해 연회를 열었습니다. 연회에 참석한 많은 사람들이 퀴리의 주위로 몰려들었어요. 하지만 그날 밤, 퀴리는 손님들 속에서 오직 한 사람을 찾았답니다. 그분은 바로 퀴리의 스승인 시코르스카 교장 선생님이었어요. 퀴리는 손님들을 향해 말했어요. "존경하는 내빈여러분, 우리 함께 교장 선생님을 위해 잔을 듭시다. 바로 저의 사고력을 키워주신 분입니다. 뿐만 아니라 진심으로 남을 대하며, 용감하게 살아가는 방법을 가르쳐주셨습니다." 스승에 대한 퀴리의 존경과 사랑은 그 자리에 있는 사람들을 감동시켰어요. 퀴리는 스승에 대한 존경을 훌륭하게 보여주었습니다.

01 마리 퀴리의 별명은 무엇인가요?

□ 가. 라듐의 할머니

□ 나. 라듐의 아버지

□ 다. 라듐의 어머니

□ 라. 라듐의 부모

02 마리 퀴리는 어느 나라 태생인가요?

□ 가. 영국

□ 나. 독일

□ 다. 프랑스

□ 라. 폴란드

03 다음중 마리퀴리에 대한 설명 으로 옳은 것은 무엇인가요?

□ 가. 노벨상을 두 번 수상한 화학자

□ 나. 노벨상을 두 번 수상한 지리학자

□ 다. 노벨상을 두 번 수상한 물리학자

□ 라. 노벨상을 두 번 수상한 생물학자

04 교장 선생님이 마리 퀴리에게 가르쳐준 것은 무엇일까요?

□ 가. 물리를 처음 가르쳐 주었고, 진심으로 남을 대하며, 용감하게 살아갈 수 있도록 이끌어 주었다.

□ 나. 과학을 처음 가르쳐 주었고, 진심으로 남을 대하며, 용감하게 살아갈 수 있도록 이끌어 주었다.

□ 다. 사고력을 키워 주었고, 진심으로 남을 대하며, 용감하게 살아갈 수 있도록 이끌어 주었다.

□ 라. 수학을 처음 가르쳐 주었고, 진심으로 남을 대하며, 용감하게 살아갈 수 있도록 이끌어 주었다.

05 마리 퀴리의 일화에서 무엇을 배웠나요?

□ 가. 동생을 존중한다.

□ 나. 노인을 존중한다.

□ 다. 남을 존중한다.

□ 라. 스승을 존중한다.

3 존중을 배우세요

존중의 핵심은 언제나 다른 사람의 입장에서 생각하는 것입니다. 왜냐하면 우리는 혼자 고독하게 사는 존재가 아니라 다른 사람과 함께 살아가는 존재이기 때문입니다. 따라서 다른 사람을 존중하고 그들의 입장에서 생각할 줄 알아야 해요. 늘 '나는 이런 곤란한 상황에서는 어떻게 할 것인가'를 생각해보세요. 다른 사람에게 친절하면 상대방은 더욱 친절하게 나를 대할 거예요. 이것이 바로 존중의 보답입니다. 존중도 늘 연습하고 생활 속에서 표현해야만 습관이 될 수 있어요.

01 어떻게 해야 다른 사람을 존중할 수 있을까요?

□ 가. 내가 상대방의 가족이라고 생각한다.

□ 나. 다른 사람의 입장에서 생각한다.

□ 다. 자신의 입장에서 생각한다.

□ 라. 친구의 입장에서 생각한다.

02 위 문제의 답과 같이 행동하는 것이 다른 사람을 존중하는 데 어떤 도움을 주나요?

□ 가. 다른 사람의 곤란함과 문제를 이해하게 된다.

□ 나. 다른 사람의 신념과 취미를 이해하게 된다.

□ 다. 다른 사람의 의견과 행동을 이해하게 된다.

□ 라. 다른 사람의 성격과 취미를 이해하게 된다.

03 다른 사람에게 예의 없이 행동하면 상대는 우리를 어떻게 대할까요?

□ 가. 정성과 열의를 다해 대한다.

□ 나. 예의 없이 대한다.

□ 다. 배려한다.

□ 라. 존경한다.

04 다른 사람을 존중하면 어떤 보답을 받게 되나요?

☐ 가. 칭찬받게 된다.

☐ 나. 부러움을 사게 된다.

☐ 다. 질투를 받게 된다.

☐ 라. 존중받게 된다.

05 어떻게 해야 '존중'이 습관이 될까요?

☐ 가. 늘 게으름 피운다.

☐ 나. 늘 연습한다.

☐ 다. 늘 일찍 일어난다.

☐ 라. 늘 이를 닦는다.

4 연습 : '존중하는 태도'와 '존중하지 않는 태도'를 구분하세요.

01 "입 다물어."

☐ 가. 존중하는 태도　　☐ 나. 존중하지 않는 태도

02 "죄송합니다."

☐ 가. 존중하는 태도　　☐ 나. 존중하지 않는 태도

03 한밤중에 음악을 크게 틀어놓는다.

☐ 가. 존중하는 태도　　☐ 나. 존중하지 않는 태도

04 인적이 드문 곳에서만 큰 소리로 말한다.

☐ 가. 존중하는 태도 ☐ 나. 존중하지 않는 태도

05 마음대로 다른 사람의 일기 혹은 편지를 본다.

☐ 가. 존중하는 태도 ☐ 나. 존중하지 않는 태도

06 다른 사람의 방에 들어가기 전에 먼저 노크를 한다.

☐ 가. 존중하는 태도 ☐ 나. 존중하지 않는 태도

07 선생님에게 병문안을 갈 때 꽃을 들고 간다.

☐ 가. 존중하는 태도 ☐ 나. 존중하지 않는 태도

08 집을 청소하지 않고 손님을 맞이한다.

☐ 가. 존중하는 태도 ☐ 나. 존중하지 않는 태도

09 다른 사람의 말을 도중에 끊는다.

☐ 가. 존중하는 태도 ☐ 나. 존중하지 않는 태도

10 동생의 장난감을 빼앗는다.

☐ 가. 존중하는 태도 ☐ 나. 존중하지 않는 태도

11 친구에게 듣기 거북한 별명을 지어준다.

　　□ 가. 존중하는 태도　　　□ 나. 존중하지 않는 태도

12 친구를 보고도 못 본 체한다.

　　□ 가. 존중하는 태도　　　□ 나. 존중하지 않는 태도

13 다른 사람의 약점을 지적한다.

　　□ 가. 존중하는 태도　　　□ 나. 존중하지 않는 태도

14 다른 사람을 공개적으로 조롱한다.

　　□ 가. 존중하는 태도　　　□ 나. 존중하지 않는 태도

15 새로 전학 온 친구에게 인사한다.

　　□ 가. 존중하는 태도　　　□ 나. 존중하지 않는 태도

16 "미안합니다."

　　□ 가. 존중하는 태도　　　□ 나. 존중하지 않는 태도

17 TV채널을 돌릴 때 먼저 다른 사람에게 괜찮은지 물어본다.

　　□ 가. 존중하는 태도　　　□ 나. 존중하지 않는 태도

18 다른 사람의 말에 귀를 기울인다.

☐ 가. 존중하는 태도 　　☐ 나. 존중하지 않는 태도

19 다른 사람의 옷차림을 평가하지 않는다.

☐ 가. 존중하는 태도 　　☐ 나. 존중하지 않는 태도

20 다른 사람의 물건을 빌릴 때는 먼저 허락을 받는다.

☐ 가. 존중하는 태도 　　☐ 나. 존중하지 않는 태도

5 생각해보기

다른 사람을 존중하는 습관은 무엇이 있는지 적어보세요.

_____

_____

_____

_____

_____

제 5과 학습 포인트

✓ 모든 사람이 평등하며 가치 있는 존재다.

✓ 존중한다는 것은 진심으로 다른 사람의 생각에 관심을 갖는 것이다.

✓ 상대를 존중하면 사람들은 화목하게 지낼 수 있다.

✓ 다른 사람의 입장에서 생각할 줄 알아야 한다.

연민

누군가 웃으면 함께 웃고, 누군가 울면 함께 운다.

연민의 감정은 모든 사람들이 타고나는 것입니다. 신생아실에서 한 아기가 "응아"하고 울면 나머지 아기들이 덩달아 우는 것도 그 때 문이지요. 마치 제일 먼저 울음을 터트린 아기의 마음을 이해한다 는 듯 말이에요. 한두 살 난 아기들이라도 다른 사람이 아파할 때, 다가가 어루만져주며 상대를 위로합니다. 이렇게 연민은 다른 사람 의 고통을 덜어 줍니다.

1 연민이란

연민이란 다른 사람의 괴로움이나 슬픔을 자기 일처럼 느끼는 감정이에요. 상대 의 입장에서 그 사람의 괴로움과 슬픔을 느끼는 것이지요. 뿐만 아니라 연민은 다 른 사람의 고통을 덜어줍니다. 연민은 모든 생명에 대한 존중을 바탕으로 이루어 집니다. 작고 보잘 것 없는 생명이라도 존중하는 것이죠. 연민의 마음을 가진 사람 은 다른 사람의 느낌을 이해하고 다른 사람의 생각을 헤아려주며 다른 사람과 잘 어울릴 수 있어요.

01 연민이란 무엇일까요?

☐ 가. 다른 사람의 괴로움과 슬픔을 대신 떠맡는다.

☐ 나. 다른 사람의 괴로움과 슬픔을 분석한다.

☐ 다. 다른 사람의 괴로움과 슬픔을 알고 있다.

☐ 라. 다른 사람의 괴로움과 슬픔을 자신의 일처럼 느낀다.

02 연민은 사회에 어떻게 도움이 되나요?

☐ 가. 비밀이 많은 사회가 된다.

☐ 나. 범죄 없는 사회가 된다.

☐ 다. 조용한 사회가 된다.

☐ 라. 정이 넘치는 사회가 된다.

03 연민의 마음을 가진 사람은 어떻게 행동할까요?

☐ 가. 다른 사람의 괴로움을 거부한다.

☐ 나. 다른 사람의 괴로움을 분담한다.

☐ 다. 다른 사람의 일을 분담한다.

☐ 라. 다른 사람의 책임을 분담한다.

04 만약 우리가 벌레를 한 마리 밟는다면 그 벌레는 어떻게 될까요?

(정답을 모두 고르세요)

☐ 가. 벌레는 더 이상 먹이를 먹을 수 없다.

☐ 나. 벌레는 더 이상 기어 다닐 수 없다.

☐ 다. 벌레는 더 이상 그 어떤 일도 할 수 없다.

☐ 라. 벌레의 생명은 이로써 끝났다.

☐ 마. 벌레의 생명은 이제부터 시작된다.

☐ 바. 벌레의 생명은 잠시 멈추어진다.

05 한 아이가 넘어져 상처를 입었을 때, 다음 중 어떤 행동이 연민을 가장 잘 표현한 것일까요?

☐ 가. 그렇게 빨리 걷지 말라고 아이를 타이른다.

☐ 나. 아이의 부모님을 빨리 찾아준다.

☐ 다. 아이를 부주의함을 꾸짖는다.

☐ 라. 아이를 도와 상처를 닦아준다.

06 만약 친구의 어머니가 돌아가셨다면, 다음 중 어떤 행동이 연민을 가장 잘 표현한 것일까요?

☐ 가. 친구한테 신중하게 미래를 계획하라고 충고한다.

☐ 나. 친구 옆에서 수시로 친구를 도와준다.

☐ 다. 친구에게 자신의 가족 중 한 명도 중병에 걸렸다고 거짓말한다.

☐ 라. 자신의 일이 아니므로 신경쓰지 않는다.

07 거리에서 한 노인이 무거운 짐을 힘들게 나르고 있을 때, 어떤 행동이 연민을 가장 잘 표현한 것일까요?

☐ 가. 노인의 가족을 불러 도와주게 한다.

☐ 나. 짐을 들지 말라고 노인을 설득한다.

☐ 다. 노인을 위해 택시를 불러준다.

☐ 라. 노인 대신 짐을 들어 준다.

08 연민의 마음을 가진 사람은 어떤 특징을 갖고 있나요?

(정답을 모두 고르세요)

☐ 가. 다른 사람에게 쉽게 화낸다.

☐ 나. 다른 사람의 생각을 잘 이해해준다.

☐ 다. 다른 사람의 말에 무조건 순종한다.

☐ 라. 다른 사람의 마음을 쉽게 헤아린다.

☐ 마. 다른 사람의 용기를 부러워한다.

☐ 바. 다른 사람과 잘 어울린다.

2 행복한 왕자

옛날 어느 도시에 아름다운 조각상이 하나 있었어요. 그 조각상의 이름은 '행복한 왕자'였습니다. 행복한 왕자는 그 도시의 자랑거리였어요. 행복한 왕자의 두 눈은 다이아몬드로 만들어졌고 온 몸은 눈부신 금박으로 덮여 있었어요. 또한 그가 찬 장검에는 홍옥이 박혀 있었지요.

어느 날 행복한 왕자는 도시를 내려다보았어요. 그는 수많은 사람들이 가난 속에서 허덕이는 것을 보고 매우 마음이 아팠습니다. 그래서 마침 지나가던 제비한테 부탁해 자기 몸의 보석을 가난한 사람들에게 나누어주게 했어요.

어느 덧 시간이 흘러 겨울이 되었습니다. 왕자의 부탁을 들어주느라 지칠 대로 지친 제비는 더 이상 견디지 못하고 쓰러지고 말았어요. 왕자 역시 온몸을 감쌌던 눈부신 보석들을 잃어버리고 볼품없이 변했어요. 결국 도시의 사람들은 왕자를 산산조각 내 쓰레기장으로 보냈습니다. 하지만 왕자와 제비는 천국에서 영원히 행복하게 살았답니다.

01 왕자의 몸에는 어떤 보물이 있었나요? (정답을 모두 고르세요)

　□ 가. 에메랄드

　□ 나. 홍옥

　□ 다. 다이아몬드

　□ 라. 금박

　□ 마. 은박

　□ 바. 비취

02 왕자는 왜 마음이 아팠을까요?

　□ 가. 사람들이 걱정 속에서 살고 있는 것을 보았다.

　□ 나. 사람들이 가난한 생활을 하고 있는 것을 보았다.

　□ 다. 사람들의 생활이 평범하다고 느꼈다.

　□ 라. 사람들의 생활이 지루하다고 느꼈다.

03 사람들은 행복한 왕자를 왜 산산조각 냈을까요?

☐ 가. 몸에 있는 장식품을 모두 가난한 사람들에게 주어 거지가 되었다.

☐ 나. 몸에 있는 장식품을 모두 가난한 사람들에게 주어 알아볼 수 없게 되었다.

☐ 다. 몸에 있는 장식품을 모두 가난한 사람들에게 주어 몸에 금이 갔다.

☐ 라. 몸에 있는 장식품을 모두 가난한 사람들에게 주어 볼품없이 변했다.

04 왕자와 제비는 죽은 후 어떻게 되었나요?

☐ 가. 천국에서 아무런 보물도 없이 살고 있다.

☐ 나. 천국에서 아무런 재미도 없이 살고 있다.

☐ 다. 천국에서 영원히 행복하게 살고 있다.

☐ 라. 천국에서 영원히 일하며 살고 있다.

05 이 이야기에서 무엇을 배웠나요?

_____

_____

_____

_____

_____

3 연민을 배우세요

연민은 인간의 타고난 감정입니다. 하지만 안타깝게도 우리가 지닌 연민의 정은 무관심과 폭력으로 가득 찬 사회에 의해 사라져가고 있어요. 연민의 정을 키우려면 우리는 늘 다른 사람과 입장 바꿔 생각하고 자신에게 물어보아야 합니다. "나에게 이런 일이 생겼다면 어땠을까?" 또한 다른 사람에게 관심을 갖고 그들을 사랑할 줄 알아야 합니다. 연민도 경험을 통해서 배울 수 있습니다. 따라서 우리는 적극적으로 사회활동에 참가해야 합니다. 예를 들어 양로원이나 병원 등을 방문해 그곳의 사람들과 만나면 그들의 마음을 이해할 수 있게 됩니다. 우리는 늘 다른 사람을 도와주는 것을 만족과 즐거움으로 생각해야 합니다. 이렇게 연민을 습관이 되도록 연습해야 합니다.

01 타고난 연민의 정은 사회의 어떤 특징에 의해 사라지고 있나요?
☐ 가. 따뜻한 인정과 무관심
☐ 나. 무관심과 폭력
☐ 다. 사랑과 즐거움
☐ 라. 재미와 노력

02 다음 중 다른 사람을 이해하는 데 도움이 되는 질문은 무엇일까요?
☐ 가. 만약 이 일이 다른 사람에게 일어났다면 나는 어떤 느낌일까?
☐ 나. 만약 이 일이 나에게 일어났다면 나는 어떤 느낌일까?
☐ 다. 만약 이 일이 다른 사람에게 일어났다면 그 사람은 어떤 느낌일까?
☐ 라. 만약 이 일이 나에게 일어났다면 다른 사람은 어떤 느낌일까?

03 다음 중 어떤 행동이 다른 사람의 상황을 이해하는 데 도움이 될까요?
☐ 가. 다른 사람의 이야기를 무시한다.
☐ 나. 다른 사람이 처한 상황을 비웃는다.
☐ 다. 다른 사람의 상황을 나도 경험해본다.
☐ 라. 다른 사람의 이야기를 왜곡해서 사람들에게 전한다.

04 남을 도와주면 어떤 느낌을 받을 수 있나요?
☐ 가. 불안하다.
☐ 나. 흥분된다.

□ 다. 조용하고 슬프다.

□ 라. 만족스럽고 즐겁다.

05 연민을 습관으로 만들려면 어떻게 해야 할까요?

□ 가. 끊임없이 이해한다.

□ 나. 끊임없이 연습한다.

□ 다. 끊임없이 향상시킨다.

□ 라. 끊임없이 학습한다.

06 연민은 어떤 사람들에게 베풀 수 있는 것일까요?

□ 가. 돈이 많은 사람

□ 나. 칭찬하는 사람

□ 다. 기부하는 사람

□ 라. 고생하는 사람

4 연습 : '연민의 행동'과 '연민이 아닌 행동'을 구분하세요.

01 고아원에 가서 한 아이를 도와준다.

□ 가. 연민의 행동　　　□ 나. 연민이 아닌 행동

02 안 쓰는 물건을 모아서 자선 단체에 보낸다.

□ 가. 연민의 행동　　　□ 나. 연민이 아닌 행동

03 부상당한 노인을 부축해 병원에 간다.

　　　□ 가. 연민의 행동　　　　□ 나. 연민이 아닌 행동

04 좌절한 친구를 위로한다.

　　　□ 가. 연민의 행동　　　　□ 나. 연민이 아닌 행동

05 맹인을 도와 길을 건넌다.

　　　□ 가. 연민의 행동　　　　□ 나. 연민이 아닌 행동

06 임산부에게 자리를 양보한다.

　　　□ 가. 연민의 행동　　　　□ 나. 연민이 아닌 행동

07 우산이 없는 친구와 우산을 같이 쓴다.

　　　□ 가. 연민의 행동　　　　□ 나. 연민이 아닌 행동

08 다른 사람이 넘어진 것에 고소해 한다.

　　　□ 가. 연민의 행동　　　　□ 나. 연민이 아닌 행동

09 자신과 관계없는 일은 신경 쓸 필요가 없다.

　　　□ 가. 연민의 행동　　　　□ 나. 연민이 아닌 행동

10 여러 사람이 한 사람을 괴롭힌다.

☐가. 연민의 행동   ☐나. 연민이 아닌 행동

11 길을 잃은 사람이 길을 찾도록 돕는다.

☐가. 연민의 행동   ☐나. 연민이 아닌 행동

12 기아에 허덕이는 아이들을 위해 용돈을 기부한다.

☐가. 연민의 행동   ☐나. 연민이 아닌 행동

13 친구의 고민을 듣고 위로해준다.

☐가. 연민의 행동   ☐나. 연민이 아닌 행동

14 죽은 애완동물을 위해 슬퍼한다.

☐가. 연민의 행동   ☐나. 연민이 아닌 행동

15 다른 사람이 고생하는 것을 보면 마음이 아프다.

☐가. 연민의 행동   ☐나. 연민이 아닌 행동

16 길을 잃은 아이를 도와 부모를 찾아준다.

☐가. 연민의 행동   ☐나. 연민이 아닌 행동

5 생각해보기

자신의 주변에서 연민을 표현할 수 있는 경우를 찾아 적어보세요.

_____

_____

_____

_____

_____

 제 5과 학습 포인트

✓ 연민은 타고난 것이다.

✓ 연민은 다른 사람의 아픔과 괴로움을 느낄 수 있는 것이다.

✓ 연민을 표현해야만 다른 사람의 고통을 덜어줄 수 있다.

✓ 다른 사람의 어려움을 직접 경험해보는 것이 상대를 이해할 수 있는
  가장 좋은 방법이다.

✓ 다른 사람을 도와주면 자신도 즐겁고 만족스럽다.

7 │ 정직

거짓말쟁이가 얻게 되는 것은 그가 진담을 해도 누구도 믿지 않는다는 것뿐이다.

정직은 사회와 개인의 삶의 기반이며 사람들이 서로 사이좋게 지낼 수 있도록 만듭니다. 사람들이 정직하지 못하면 서로 의심하고 믿지 못하게 될 거예요. 뿐만 아니라 정직하지 못하면 사회와 개인 기반도 무너지고 도덕성이 타락해 우리는 혼란에 빠지고 말 것입니다. 따라서 우리는 반드시 정직해야 해요. 그래야 사회가 조화롭게 유지될 수 있어요.

1 정직이란

정직이란 말이나 행동으로 있는 그대로의 사실을 표현하는 것이며 사실을 숨기거나 왜곡하지 않는 것입니다. 따라서 정직한 사람은 말과 행동이 일치하며 양심에 거리낌 없이 떳떳합니다. 정직한 사람은 언제나 진실한 모습으로 사람들 앞에 나타나지요. 그렇기 때문에 정직한 사람은 늘 다른 사람의 신뢰와 존경을 받기 마련입니다. 반면에 거짓말을 한다면 당장의 위기는 모면할 수 있을지 모르지만, 결국 자신의 가치를 떨어뜨리고 다른 사람의 미움을 받으며 자신을 파멸시킬 뿐입니다.

01 정직함이 부족한 사회에는 어떠한 일이 생길까요?

(정답을 모두 고르세요)

☐ 가. 시험에서 부정행위를 한다.

☐ 나. 학력을 위조한다.

☐ 다. 위조 서류를 만든다.

□ 라. 위조 상품을 만든다.

□ 마. 사실이 왜곡된다.

□ 바. 밀수와 탈세가 증가한다.

□ 사. 거짓 광고를 한다.

□ 아. 위조된 증거를 제시한다.

□ 자. 도둑질을 한다.

□ 차. 뇌물을 주고받는다.

□ 카. 소방서에 장난전화를 한다.

□ 타. 음악 CD를 무단 복제한다.

02 정직함이란 무엇일까요?

□ 가. 말과 행동으로 있는 그대로의 사실을 표현한다.

□ 나. 말과 행동으로 전해 들은 사실을 표현한다.

□ 다. 말과 행동으로 거짓을 표현한다.

□ 라. 말과 행동으로 중요한 사실만 표현한다.

03 다음 중 정직한 사람의 특징은 무엇일까요?

(정답을 모두 고르세요)

□ 가. 말과 행동이 일치한다.

□ 나. 양심에 거리낌이 없다.

□ 다. 떳떳하다.

□ 라. 이기적이다.

□ 마. 그럴듯하게 꾸민다.

□ 바. 다른 사람에게 진실함을 보여준다.

□ 사. 공중도덕을 지킨다.

04 다음 중 정직한 사람이 얻는 대가는 무엇일까요?

(정답을 모두 고르세요)

☐ 가. 다른 사람에게 존경받는다.

☐ 나. 다른 사람에게 의심받는다.

☐ 다. 마음이 편안하다.

☐ 라. 마음이 불안하다.

☐ 마. 다른 사람에게 사랑받는다.

☐ 바. 다른 사람에게 신뢰받는다.

05 다음 중 정직하지 않은 표현은 무엇인가요? (정답을 모두 고르세요)

☐ 가. 사실을 과장한다.

☐ 나. 사실 중 자신에게 유리한 것만 말한다.

☐ 다. 사실이 아닌 것을 사실인 것처럼 꾸민다.

☐ 라. 사실을 왜곡한다.

☐ 마. 사실을 감춘다.

☐ 바. 사실을 숨긴다.

07 친구의 오락기를 사용하다 고장이 나면, 친구에게 어떻게 말해야 하나요?

☐ 가. 오락기가 원래부터 고장 나 있었다고 말한다.

☐ 나. 오락기가 낡았기 때문에 고장 날 수밖에 없었다고 말한다.

☐ 다. 친구에게 사과하고 오락기 값을 물어주겠다고 한다.

☐ 라. 누가 오락기를 고장 냈는지 모르겠다고 말한다.

08 친구의 숙제를 베낀 사실이 선생님에게 발각되었을 때, 다음 중 무엇이 정직한 표현일까요?

☐ 가. 숙제가 동일한 것은 우연일 뿐이라고 말씀드린다.

☐ 나. 자신을 고자질 한 사람을 찾으려고 애쓴다.

☐ 다. 선생님께 잘못을 빌고 다시는 숙제를 베끼지 않겠다고 다짐한다.

☐ 라. 다른 친구가 자신의 것을 베낀 것이라고 말한다.

2 늑대와 양치기 소년

옛날에 한 양치기 소년이 있었어요. 어느 날 심심해진 소년은 마을사람들을 향해 이렇게 외쳤어요. "늑대가 왔어요. 늑대가 왔어요. 빨리 살려주세요." 일을 하던 마을 사람들은 소년의 다급한 목소리를 듣고 헐레벌떡 달려 왔어요. 하지만 그곳에 늑대는 없었어요. 소년이 마을 사람들에게 장난친 것이었죠. 며칠 후, 정말 늑대 한 마리가 나타나 양 떼를 공격했어요. 겁에 질린 소년은 도움을 요청했지만 마을 사람들 중 누구도 소년의 요청을 듣지 않았어요. 왜냐하면 소년이 또 장난을 치고 있다고 생각했기 때문이에요. 결국 소년은 양을 모두 잃어버리고 말았답니다.

01 소년은 처음에 왜 "늑대가 왔어요" 하고 소리쳤나요?

☐ 가. 늑대가 나타났다.

☐ 나. 그는 늑대가 나타난 것으로 착각했다.

☐ 다. 마을 사람들에게 장난을 쳤다.

☐ 라. 늑대가 올 경우를 대비해 연습했다.

02 마을 사람들은 처음에 소년의 외침소리를 듣고 어떤 반응을 보였나요?

☐ 가. 소년을 거들떠보지도 않았다.

☐ 나. 다른 사람들의 도움을 요청했다.

☐ 다. 일을 하면서 소년을 도와주었다.

☐ 라. 일을 두고 소년을 돕기 위해 달려왔다.

03 소년의 거짓말은 결국 어떤 결과를 가져왔나요?

☐ 가. 양 한 마리를 잃었다.

☐ 나. 양을 한 마리도 잃지 않았다.

☐ 다. 모든 양을 잃었다.

☐ 라. 양을 몇 마리만 잃었다.

04 '양치기 소년 이야기'에서 무엇을 배웠나요?

☐ 가. 될수록 거짓말을 하지 말아야 한다.

☐ 나. 한 번 거짓말을 하면 다음에 진실을 말해도 사람들이 믿지 않는다.

☐ 다. 거짓말을 하는 사람은 진실을 말하지 않는다.

☐ 라. 거짓말로 장난치는 것은 재밌다.

3 정직을 배우세요

누군가가 정직하다는 것은 겉으로 드러나 보이는 것은 아니지만 그 사람의 인생에 막대한 영향을 미친답니다. 정직한 사람이 되기 위해서는 거짓말이 남에게 상처를 주는 동시에 자신에게도 해가 된다는 사실을 먼저 알아야 해요. 거짓말은 언젠가는 꼭 밝혀지게 되어 있습니다. 거짓말이 들통 난 후에 사실을 이야기해도 이미 늦어요. 한 번 거짓말 한 것은 영원히 돌이킬 수 없습니다. 우리는 언제나 정직해야 하며 아주 사소한 일이라도 숨겨서는 안 돼요. 왜냐하면 정직도 다른 모든 습관들처럼 작은 실천이 쌓여 이루어지는 것이기 때문입니다. 정직한 사람이 되려고 노력하면 할수록 정직은 자신도 모르게 몸에 배게 될 거예요.

01 정직한 사람과 정직하지 않은 사람의 인생은 어떤 차이가 있을까요?

☐ 가. 약간 차이가 있다.

☐ 나. 사람마다 다르다.

☐ 다. 하늘과 땅 차이다.

☐ 라. 차이가 없다.

02 다음 중 정직한 사람이 될 수 있는 방법은 무엇일까요?

(정답을 모두 고르세요)

☐ 가. 거짓말이 자신에게 해가 된다는 것을 알고 있다.

☐ 나. 다른 사람이 거짓말을 이해해주길 바란다.

☐ 다. 정직이 무엇인지 알고 있다.

☐ 라. 언제나 정직해야 한다고 다짐한다.

☐ 마. 사소한 일이라도 거짓말하지 않는다.

☐ 바. 생활 속에서 끊임없이 실천한다.

03 정직이 습관이 되면 어떻게 될까요?

☐ 가. 정직함으로 인해 지루해진다.

☐ 나. 다른 사람의 거짓말을 구별해낼 수 있다.

☐ 다. 정직함이 몸에 배게 된다.

☐ 라. 거짓말을 하려고 하면 배가 아프게 된다.

04 다음 중 정직함을 표현하는 방법은 무엇일까요?

(정답을 모두 고르세요)

☐ 가. 길에서 다른 사람의 지갑을 발견하고 경찰서에 갖다준다.

☐ 나. 교통규칙을 지킨다.

☐ 다. 축구를 할 때 경기규칙을 지킨다.

☐ 라. 가게에서 거스름돈을 많이 받으면 더 받은 만큼 돌려준다.

☐ 마. 시험을 볼 때 부정행위를 하지 않는다.

☐ 바. 남에게 빌린 물건은 돌려준다.

4 선의의 거짓말

정직함은 인간의 미덕입니다. 하지만 경우에 따라서 거짓말을 하는 것이 좋을 때도 있어요. 예를 들어 자신을 보호하고 남에게 상처주지 않으며 정의를 수호하거나 좋은 관계를 유지해야 하는 경우가 그런 경우지요. 있는 그대로의 진실을 말하는 것이 정직이지만, 때로는 다른 사람이 선한 의도로 거짓말하지는 않았는가를 생각해보고 정직의 가치를 따져야 해요.

01 다음 중 어떤 거짓말이 선한 의도를 담고 있을까요?

(정답을 모두 고르세요)

☐ 가. 다른 사람에게 상처를 주는 것을 피하는 거짓말

☐ 나. 좋은 관계를 유지하기 위한 거짓말

☐ 다. 다른 사람을 깎아 내리는 거짓말

☐ 라. 아첨하기 위한 거짓말

☐ 마. 자신을 보호하기 위한 거짓말

☐ 바. 정의를 수호하기 위한 거짓말

02 낯선 사람이 우리에게 어디 사느냐고 물을 때 어떻게 대답해야 할까요?

(정답을 모두 고르세요)

☐ 가. 말해서는 안 된다.

☐ 나. 집을 알려준다.

☐ 다. 다른 주소를 말한다.

☐ 라. 나를 따라오라고 말한다.

☐ 마. 대답을 거부한다.

☐ 바. 침묵을 지킨다.

03 오빠의 음주운전을 막기 위하여 자동차 열쇠를 숨겨놓고 어디에 있는지 모른다고 했어요. 이 거짓말의 선한 의도는 무엇일까요?

☐ 가. 오빠가 열쇠를 찾을 수 있는지 보기 위해서이다.

☐ 나. 오빠의 운전이 서툴기 때문이다.

☐ 다. 오빠의 생명을 보호하기 위해서이다.

☐ 라. 오빠가 너무 피곤하기 때문이다.

04 '우리 아이 예쁘죠?' 라고 묻는 엄마가 있다면 어떻게 대답해야 할까요?

☐ 가. 당신의 아이는 천사처럼 사랑스러워요.

☐ 나. 당신의 아이는 정말 못생겼어요.

☐ 다. 당신의 아이는 비열한 행동을 했어요.

☐ 라. 당신의 아이는 고쳐야 할 점이 많아요.

5 생각해보기

정직하지 못한 행동을 한 적이 있다면 적어보세요.

_____

_____

_____

_____

_____

 제 7과 학습 포인트

> ✓ 사람들이 정직해야만 사회가 조화롭게 유지된다.
>
> ✓ 정직이란 말과 행동으로 있는 그대로의 사실을 표현하는 것이다.
>
> ✓ 정직한 사람은 언제나 상대방의 존경과 신뢰를 받을 수 있다.
>
> ✓ 정직하지 않은 사람은 결국 자신의 가치를 떨어뜨리고 다른 사람의 미움을 받게 된다.
>
> ✓ 항상 정직해야 한다고 다짐하며 아주 사소한 일이라도 거짓말을 해서는 안 된다.
>
> ✓ 어쩔 수 없이 거짓말을 할 때는 반드시 선한 의도가 있어야 한다.

인내

인내는 쓰지만 그 열매는 달다.

요즘에는 모든 일이 너무 빠르게 이루어집니다. 어떤 일이든 빨리 하려고 조바심을 내지요. 전자레인지로 2분 만에 조리해 먹을 수 있는 음식이나 24시간 편의점을 찾는 것도 이 때문입니다. 하지만 모든 일을 자기 뜻대로 그렇게 빨리 할 수 있는 것은 아니에요. 우리는 늘 자신이 원하지 않는 상황에 부딪치게 됩니다. 뿐만 아니라 대부분의 중요한 일들은 그것을 이루는 데 오랜 시간과 노력이 듭니다. 따라서 우리는 인내로 원하지 않는 상황을 극복할 수 있어야 합니다.

1 인내란

인내란 무언가를 이루기까지 '기다리고', '기대' 하는 마음입니다. 영어로 인내 *Patient*는 '환자' 라는 뜻도 있습니다. 따라서 인내는 환자들이 병이 낫기까지 고통을 견뎌내듯이 참을성 있게 어떤 결과를 기다린다는 뜻입니다. 그렇다고 인내가 연약함이나 외부의 압력을 무조건 참고 견디는 것을 의미하지는 않아요. 우리가 어떤 일을 하든 그것을 이루어내려면 많은 시간과 노력이 필요합니다. 인내는 분명 고통스러운 일이지만 우리에게 무한한 희망을 줍니다. 인내는 우리가 이루고자 하는 일에 집중할 수 있게 하지요. '인내' 는 아름다운 덕목이자 성공하는 사람이 반드시 갖추어야 할 덕목입니다.

01 인내에 포함되어 있는 두 가지 마음은 무엇인가요? (정답을 모두 고르세요)

☐ 가. 기대

☐ 나. 욕심

☐ 다. 그리움

☐ 라. 기다림

☐ 마. 수용

☐ 바. 강제

02 '인내' 와 '환자' 는 어떤 공통점이 있나요?

☐ 가. 즐거움

☐ 나. 실망

☐ 다. 걱정

☐ 라. 고통

03 인내는 우리에게 무엇을 가져다 주나요?

☐ 가. 칭찬

☐ 나. 희망

☐ 다. 돈

☐ 라. 허무함

04 우리는 무엇 때문에 원하지 않는 상황을 인내해야 하나요?

(정답을 모두 고르세요)

☐ 가. 어떤 일을 성취하기 위해서는 많은 시간과 노력이 필요하다.

☐ 나. 자기 뜻대로 되지 않는 일도 있다.

☐ 다. 우리는 원하지 않는 상황에 부딪치게 된다.

☐ 라. 어떤 일들은 시간을 들여야 배울 수 있다.

☐ 마. 중요한 일을 이루는 데는 시간이 걸린다.

☐ 바. 자기가 원하는 물건을 즉시 가질 수 없는 경우도 많다.

05 다음 중 인내할 줄 아는 사람은 특징은 무엇일까요?

☐ 가. 고집 부린다.

☐ 나. 다른 사람의 힘을 빌린다.

☐ 다. 참고 기다린다.

☐ 라. 즉시 행동한다.

06 다음 중 인내가 부족한 사람의 특징은 무엇일까요? (정답을 모두 고르세요)

☐ 가. 침착하지 못하고 성급하다.

☐ 나. 일이 잘 풀리지 않으면 남을 원망한다.

☐ 다. 불안해서 허둥지둥 한다.

☐ 라. 성격이 급하고 난폭하다.

☐ 마. 공손하게 주의를 기울여 듣는다.

☐ 바. 화를 자주 낸다.

07 생활 속에서 기다림이 필요한 때는 언제일까요? (정답을 모두 고르세요)

☐ 가. 가게에서 물건을 사고 계산할 때

☐ 나. 차가 막힐 때

☐ 다. 엘리베이터를 이용할 때

☐ 라. 은행에서 돈을 입금할 때

☐ 마. 버스를 탈 때

☐ 바. 횡단보도의 신호등의 빨간색일 때

08 다음 중 오랜 시간이 걸리는 일은 무엇일까요? (정답을 모두 고르세요)

☐ 가. 마음의 지혜를 배운다.

☐ 나. 우표를 산다.

☐ 다. 사업이 성공한다.

☐ 라. 성적을 올린다.

☐ 마. 아이를 가르친다.

☐ 바. 이를 닦는다.

2 인내의 중요성

미국 스탠퍼드 대학의 월터 미셸*Waletr Mischel* 박사는 30년 동안 '마시멜로 실험'을 했어요. 미셸 박사는 네 살배기 아이들에게 달콤한 마시멜로를 하나씩 주고 이렇게 말했어요. "지금 마시멜로를 먹어도 되지만 20분 동안 먹지 않고 참는다면, 마시멜로를 하나 더 주마." 실험에 참가한 아이들 중 어떤 아이들은 참지 못하고 마시멜로를 먹어치웠고, 어떤 아이들은 20분을 참고 마시멜로를 하나 더 받았어요. 미셸 박사는 마시멜로 실험에 참가한 아이들의 성장과정을 지켜본 결과 흥미로운 사실을 알게 되었어요. 참지 못하고 마시멜로를 먹었던 아이들은 초등학교 시절 좌절을 겪으면 쉽게 의욕을 잃고 어찌할 줄 몰라 했어요. 중학생이 되어서는 학업 성적이 나빴습니다. 반대로 20분을 참았던 아이들은 초등학교 시절 자신감이 넘쳤고 좌절 앞에서 물러서지 않았으며 중학교

때는 학업 성적도 뛰어났습니다. 20분을
참았던 아이들을 성인이 된 후에도
자신의 일을 훨씬 더 성공적으로
이끌어 나갔답니다.

01 미셸 박사는 마시멜로 실험을 얼마나 오랫동안 진행했나요?

☐ 가. 20년

☐ 나. 25년

☐ 다. 30년

☐ 라. 35년

02 20분을 참지 못한 아이들의 초등학교 시절은 어땠나요? (정답을 모두 고르세요)

☐ 가. 성적이 나쁘다.

☐ 나. 쉽게 의욕을 잃는다.

☐ 다. 쉽게 물러서지 않는다.

☐ 라. 어쩔 줄을 몰라 한다.

☐ 마. 자신감에 넘친다.

03 20분을 참아낸 아이들의 초등학교 시절은 어땠나요? (정답을 모두 고르세요)

☐ 가. 수동적이다.

☐ 나. 쉽게 포기한다.

☐ 다. 자신감이 있다.

☐ 라. 쉽게 의욕을 잃는다.

☐ 마. 성적이 뛰어나다.

☐ 바. 쉽게 물러서지 않는다.

04 인내가 우리의 미래에 미치는 영향은 어느 정도인가요?

☐ 가. 적당히 영향을 미친다.

☐ 나. 조금 영향을 미친다.

☐ 다. 매우 많은 영향을 미친다.

☐ 라. 영향이 그다지 크지 않다.

05 마시멜로 실험 이야기에서 어떤 것을 배웠나요?

☐ 가. 현재의 작은 즐거움과 이익을 희생하면 현재에 더 큰 보상을 받을 수 있다.

☐ 나. 미래의 작은 즐거움과 이익을 희생하면 미래에 더 작은 보상을 받을 수 있다.

☐ 다. 미래의 작은 즐거움과 이익을 희생하면 현재에 더 큰 보상을 받을 수 있다.

☐ 라. 현재의 작은 즐거움과 이익을 희생하면 미래에 더 큰 보상을 받을 수 있다.

3 인내를 배우세요

인내는 타고나는 것이 아니에요. 인내는 키우는 것입니다. 따라서 우리는 생활 속의 작고 사소한 일들을 통해 기다림과 자기절제를 배워야 해요. 인내는 사람의 근육과 같아서 계속 사용하지 않으면 약해집니다. 우리가 어떤 일에 화를 내기 전에 3분 동안 그 문제를 다시 생각하는 습관을 가진다면 인내를 키우는 데 도움이 됩니다. 또한 목표를 정하는 것 역시 인내를 키우는 데 도움이 돼요. 목표가 확실히 정해지면 목표에 도달하기까지 겪게 되는 좌절을 인내해야 하는 이유가 생기기 때문이에요. 눈앞의 어려움은 잠시지만 목표에 도달했을 때 얻는 즐거움은 오래 간답니다.

01 인내를 키울 수 있는 방법은 무엇일까요?

(정답을 모두 고르세요)

☐ 가. 게임을 한다.

☐ 나. 작고 사소한 일에서 기다림을 배운다.

☐ 다. 우리의 근육처럼 늘 사용한다.

☐ 라. 부모의 도움을 받는다.

☐ 마. 3분 동안 다시 생각하는 습관을 가진다.

☐ 바. 목표를 정한다.

02 목표를 정하면 인내를 키울 수 있는 이유는 무엇인가요?

　　☐ 가. 문제를 알면 꼭 쉽게 해결된다.

　　☐ 나. 사전에 준비할 수 있다.

　　☐ 다. 인내해야 하는 이유가 생긴다.

　　☐ 라. 돈과 시간을 낭비하지 않는다.

03 인내를 키울 수 있는 방법에는 어떤 것들이 있을까요?(정답을 모두 고르세요)

　　☐ 가. 친구와 얘기를 나눈다.

　　☐ 나. 아기를 돌봐준다.

　　☐ 다. 텔레비전을 본다.

　　☐ 라. 악기를 배운다.

　　☐ 마. 실패와 좌절을 극복한다.

　　☐ 바. 학업 성적을 올린다.

4 연습 : '인내하는 사람'과 '인내하지 않는 사람'을 구분하세요.

01 멀리 내다본다.

　　☐ 가. 인내하는 사람　　　☐ 나. 인내하지 않는 사람

02 너그럽다.

　　☐ 가. 인내하는 사람　　　☐ 나. 인내하지 않는 사람

03 성공을 빨리 이루려 한다.

　□ 가. 인내하는 사람　　□ 나. 인내하지 않는 사람

04 지혜롭다.

　□ 가. 인내하는 사람　　□ 나. 인내하지 않는 사람

05 적극적이고 굳세다.

　□ 가. 인내하는 사람　　□ 나. 인내하지 않는 사람

06 마음이 따뜻하다.

　□ 가. 인내하는 사람　　□ 나. 인내하지 않는 사람

07 희망을 가지고 산다.

　□ 가. 인내하는 사람　　□ 나. 인내하지 않는 사람

08 쉽게 화내지 않는다.

　□ 가. 인내하는 사람　　□ 나. 인내하지 않는 사람

09 좌절 앞에서 어쩔줄 몰라 한다.

　□ 가. 인내하는 사람　　□ 나. 인내하지 않는 사람

10 힘으로 모든 것을 해결하려 한다.

☐ 가. 인내하는 사람　　☐ 나. 인내하지 않는 사람

11 자신의 한계극복한다.

☐ 가. 인내하는 사람　　☐ 나. 인내하지 않는 사람

12 절대로 포기하지 않는다.

☐ 가. 인내하는 사람　　☐ 나. 인내하지 않는 사람

13 의지가 강하다.

☐ 가. 인내하는 사람　　☐ 나. 인내하지 않는 사람

14 자신의 뜻대로 안 되는 일도 있다고 생각한다.

☐ 가. 인내하는 사람　　☐ 나. 인내하지 않는 사람

15 확고한 신념이 있다.

☐ 가. 인내하는 사람　　☐ 나. 인내하지 않는 사람

5 생각해보기

어떤 일을 통해 인내를 키울 수 있는지 적어보세요.

_____

_____

_____

_____

_____

 제 8과 학습 포인트

> ✓ 인내란 어떤 일의 결과가 나타나기를 '기다리고', '기대' 하는 마음이다.
>
> ✓ 인내는 고통스럽지만 우리에게 무한한 희망을 준다.
>
> ✓ 인내는 성공한 사람이 반드시 갖추어야 할 덕목이다.
>
> ✓ 중요한 일일수록 인내가 필요하다.
>
> ✓ 인내는 타고난 것이 아니라 키우는 것이다.
>
> ✓ 인내를 키우려면 사소한 일부터 시작해 늘 연습해야 한다.
>
> ✓ 목표를 정하면 좌절을 이겨내야 하는 이유가 생긴다.

협동

협동은 상대방과의 사이에 다리를 만드는 일이지 벽을 쌓는 일이 아니다.

모든 일이 세분화 되어 있는 요즘 세상에 협동은 어디에나 존재해요. 한 사람이 모든 일을 다 잘할 수는 없기 때문입니다. 따라서 우리가 성공하려면 자신의 능력도 중요하지만 다른 사람과 협동할 줄도 알아야 해요. 훌륭한 일을 해낸 인물들을 보더라도 그들이 그 일을 혼자서 해내지 않았다는 것을 알 수 있어요. 그들에게는 하나의 팀이 있었습니다. 협동은 성공의 필수요소이며 많은 사람들과 협동할수록 더 큰 성공을 이룰 수 있어요.

1 협동이란

협동이란 공동 목표를 가진 사람들이 힘을 합쳐 그 목표를 이루기 위해 노력하는 것입니다. 협동하는 사람들은 서로가 서로에게 도움이 되는 존재로서 함께 성공하는 것을 목표로 합니다. 따라서 목표를 이루기 위해서는 모든 구성원이 스스로 책임을 지고 함께 힘을 모아야 해요. 자신에게는 없는 상대방의 지혜를 빌리는 것입니다. 전 세계의 많은 사람들이 사용하고 있는 윈도우 2000의 경우 3000명의 소프트웨어 엔지니어들이 개발해낸 것이에요. 우리도 협동을 통해 더 빠르고 쉽게 목표를 이룰 수 있습니다.

01 협동은 어떤 특징이 있을까요? (정답을 모두 고르세요)

☐ 가. 한 사람이 여러 사람을 돕는다.

☐ 나. 많은 사람들의 힘을 합친다.

☐ 다. 협동하는 사람들은 공동의 목표가 있다.

☐ 라. 서로 돕는다.

☐ 마. 스스로 책임을 진다.

☐ 바. 서로가 서로에게 도움이 되는 존재가 된다.

☐ 사. 협동의 결과를 함께 누린다.

☐ 아. 어디에나 존재한다.

02 협동을 하면 어떤 점이 좋을까요?

☐ 가. 더 빠르고 쉽게 서로 도울 수 있다.

☐ 나. 더 빠르고 쉽게 쉽게 친해 질 수 있다.

☐ 다. 더 빠르고 쉽게 쉽게 목표를 이룰 수 있다.

☐ 라. 더 빠르고 쉽게 쉽게 서로 알게 된다.

03 서로 협동하는 사람들이 어떤 태도를 가져야 성공할 수 있을까요?

☐ 가. 너는 좋은 사람이지만, 나는 좋은 사람이 아니다.

☐ 나. 우리 모두 좋은 사람이다.

☐ 다. 나는 좋은 사람이지만, 너는 좋은 사람이 아니다.

☐ 라. 우리 모두 좋은 사람이 아니다.

04 서로 협동하는 사람들은 상대방의 능력 중 어떤 것을 빌려야 하나요?

☐ 가. 유머 　　　☐ 나. 체력

☐ 다. 지혜 　　　☐ 라. 개성

05 윈도 2000은 몇 명의 소프트웨어 엔지니어들이 함께 개발해낸 것일까요?

- ☐ 가. 3명
- ☐ 나. 30명
- ☐ 다. 300명
- ☐ 라. 3000명

06 네 사람이 각자 다른 지혜를 가지고 있다면 어떨까요?

- ☐ 가. 협동할 때 하나의 지혜를 사용할 수 있다.
- ☐ 나. 협동할 때 두 개의 지혜를 사용할 수 있다.
- ☐ 다. 협동할 때 세 개의 지혜를 사용할 수 있다.
- ☐ 라. 협동할 때 네 개의 지혜를 사용할 수 있다.

07 기러기는 왜 V자형으로 무리지어 하늘을 날까요?

- ☐ 가. 더 낮게 날 수 있다.
- ☐ 나. 더 빨리 날 수 있다.
- ☐ 다. 더 멀리 날 수 있다.
- ☐ 라. 더 높이 날 수 있다.

08 기러기들이 V자로 무리지어 나는 것이 위 문제의 답에 도움이 되는 이유는 무엇일까요? (정답을 모두 고르세요)

- ☐ 가. V자가 기러기들이 좋아하는 알파벳이기 때문이다.
- ☐ 나. 뒤에 가는 기러기가 앞에 가는 기러기를 위해 격려의 울음소리를 낼 수 있기 때문이다
- ☐ 다. 사람들에게 자랑할 수 있기 때문이다.
- ☐ 라. 서로 번갈아가며 맨 앞에서 공기 저항을 막을 수 있기 때문이다.
- ☐ 마. 제비들이 V자형으로 날기 때문이다.
- ☐ 바. 위치를 바꿔가며 서로의 체력을 절약할 수 있기 때문이다.

09 다음 중 누가 협동의 대상이 될 수 있을까요? (정답을 모두 고르세요)

□ 가. 가족

□ 나. 친척

□ 다. 친구

□ 라. 동료

□ 마. 상사

□ 바. 부하직원

□ 사. 공무원

□ 아. 환경 단체

10 세계화 시대에 우리의 협동 대상은 어떤 사람들이 될 수 있을까요?

(정답을 모두 고르세요)

□ 가. 서로 다른 피부색을 가진 사람

□ 나. 서로 다른 문화를 가진 사람

□ 다. 서로 다른 종교를 가진 사람

□ 라. 서로 다른 가치관을 가진 사람

□ 마. 서로 다른 생활방식을 가진 사람

□ 바. 서로 다른 국적을 가진 사람

2 이리들의 협동

이리들은 눈 덮인 들판에서 사냥감을 찾아 나설 때 일렬종대로 이동합니다. 대장 이리는 행렬의 맨 앞에서 눈길을 헤치며 길을 만들지요. 대장 이리가 체력이 떨어지면 다른 이리가 스스로 대장과 자리를 바꿉니다. 이리들은 이렇게 끊임없이 자리를 바꾸면서 앞으로 나아가지요. 이리는 체중이 40킬로그램밖에 안 되는 왜소한 동물이지만 협동을 제일 잘하기로 소문난 동물입니다. 그들이 일단 적합한 사냥감을 발견하면 먼저 사냥감을 포위하고 소름 끼치는 눈빛으로 쏘

아보다가 서로 다른 방향에서 일제히 덮치지요. 이리들은 두려워하지 않고 온몸의 힘을 다해 사냥감을 공격합니다. 분업과 협동에 능한 이리들은 자신들보다 덩치가 큰 적이라도 넘어뜨릴 수 있어요. 체중이 1톤에 가까운 아메리카 들소나 사납기로 유명한 표범도 이리들을 보면 멀찌감치 몸을 피한답니다.

01 사냥감을 찾는 이리들은 어떻게 협동하나요?

(정답을 모두 고르세요)

☐ 가. 일렬종대로 줄을 지어 앞으로 나아간다.

☐ 나. 울부짖는 소리로 서로를 꾸짖는다.

☐ 다. 제일 앞에 선 이리가 길을 개척한다.

☐ 라. 제일 앞에 선 이리가 체력을 가장 많이 소모한다.

☐ 마. 모두 제멋대로 앞으로 나간다.

☐ 바. 번갈아가며 맨 앞에 선다.

02 이리들의 이동 방법이 좋은 이유는 무엇인가요?

(정답을 모두 고르세요)

☐ 가. 맨 앞의 이리만 따뜻하다.

☐ 나. 뒤에 있는 이리는 체력을 절약할 수 있다.

☐ 다. 사냥감이 이리를 보지 못한다.

☐ 라. 힘센 이리가 먼저 사냥감을 발견할 수 있다.

☐ 마. 서로 의사소통하지 않으므로 시간 낭비하지 않는다.

☐ 바. 모두가 지치거나 한 이리가 지치는 상황을 피할수 있다.

03 다음 중 이리들이 사냥감을 잡는 과정에 속하는 것은 무엇인가요?

(정답을 모두 고르세요)

☐ 가. 온몸의 힘을 다해 사냥물을 공격한다.

☐ 나. 예리한 눈빛으로 사냥물을 쏘아본다.

☐ 다. 적합한 사냥물을 찾는다.

☐ 라. 먼저 사냥물을 포위한다.

☐ 마. 서로 다른 방향에서 일제히 사냥감을 덮친다.

04 이리들의 공동 목표는 무엇일까요?

☐ 가. 남극에 가는 것

☐ 나. 사냥감을 잡는 것

☐ 다. 서로 친해지는 것

☐ 라. 늑대들과 싸우는 것

05 이리들의 이야기에서 무엇을 배웠나요?

☐ 가. 조용히 사냥감이 나타나기를 기다려야 한다.

☐ 나. 협동해야 성공할 수 있다.

☐ 다. 적합한 사냥감을 포위해야 한다.

☐ 라. 일제히 사냥감을 공격한다.

3 협동의 규칙

이리떼가 사냥감을 잡기 위해 협동하듯이 우리도 다른 사람과 협동하려면 공동의 목표가 있어야 합니다. 그 외에도 협동할 때 지켜야 할 세 가지 규칙이 있습니다.

(1) 각자의 능력에 따라 일한다.

간단히 말하면 이것은 자신의 장점으로 상대의 단점을 보완하고, 상대의 장점으로 자신의 단점을 보완하는 것입니다. 따라서 우리는 상대에게 자신의 능력을 최대한 보여주어 공평한 협동관계를 이루어야 합니다.

(2) 서로 믿어준다.

협동하는 사람들 간에 믿음이 없다면 서로 경계하고 의심하면서 아까운 시간과 능력만 낭비하게 됩니다. 그리고 서로의 발전을 가로막을 수 있어요. 반대로 협동하는 사람들이 서로 믿는다면 협동은 대단한 위력을 발휘할 수 있으며 어떠한 어려움도 이겨낼 수 있습니다.

(3) 솔직하게 이야기한다.

협동하는 사람들은 서로의 문제를 터놓고 자신의 잘못을 인정하며, 자기의 약점을 솔직히 말하는 것입니다. 또한 상대방의 의견에 귀를 기울이며, 자신의 생각을 팀원들과 공유하는 것 등을 말합니다.

01 다음 중 협동의 규칙은 무엇일까요?

(정답을 모두 고르세요)

- ☐ 가. 서로 책임을 회피한다.
- ☐ 나. 무조건 함께 행동한다.
- ☐ 다. 각자 능력에 따라 일한다.
- ☐ 라. 서로 믿어준다.
- ☐ 마. 솔직하게 이야기한다.
- ☐ 바. 서로 싫어한다.

02 다음 중 협동의 규칙으로 옳은 것은 무엇일까요?

(정답을 모두 고르세요)

- ☐ 가. 자신의 장점으로 다른 사람의 단점을 보완하는 것이다.
- ☐ 나. 다른 사람의 장점으로 자신의 단점을 보완하는 것이다.
- ☐ 다. 장점이 많은 사람이 모든 일을 하는 것이다.
- ☐ 라. 협동하려고 모인 사람들 중 단점이 많은 사람을 빼버리는 것이다.

03 협동하는 사람들끼리 믿지 못한다면 어떻게 될까요?

(정답을 모두 고르세요)

☐ 가. 서로 의심한다.

☐ 나. 상대를 배려한다.

☐ 다. 책임을 떠넘긴다.

☐ 라. 약점을 숨긴다.

☐ 마. 효율이 낮아진다.

☐ 바. 서로 경계한다.

04 다음 중 '솔직하게 이야기하기'에 해당되는 행동은 무엇일까요?

(정답을 모두 고르세요)

☐ 가. 자기의 약점을 솔직하게 말한다.

☐ 나. 자신의 생각을 다른 사람과 공유한다.

☐ 다. 다른 사람의 장점을 솔직하게 말하다.

☐ 라. 상대방의 충고를 받아들인다.

☐ 마. 다른 사람의 공헌을 인정한다.

☐ 바. 다른 사람의 의견에 귀를 기울인다.

☐ 사. 잘못을 인정한다.

☐ 아. 다른 사람이 자신보다 똑똑할까봐 걱정한다.

05 '솔직하게 이야기하기'의 장점은 무엇일까요?

☐ 가. 무조건 양보하도록 만든다.

☐ 나. 사랑의 마음을 키워준다.

☐ 다. 서로의 생각을 이해할 수 있다.

☐ 라. 성적이 올라간다.

4 연습 : '협동하는 태도'와 '협동하지 않는 태도'를 구분하세요.

01 팀 안의 어느 한 팀원도 포기하지 않는다.
　　☐ 가. 협동하는 태도　　　☐ 나. 협동하지 않는 태도

02 나는 고독한 사람이 아니다. 동료와 함께 한다.
　　☐ 가. 협동하는 태도　　　☐ 나. 협동하지 않는 태도

03 내가 제일 중요하다.
　　☐ 가. 협동하는 태도　　　☐ 나. 협동하지 않는 태도

04 성공과 실패는 개인이 아닌 팀의 협동에 의해 결정된다.
　　☐ 가. 협동하는 태도　　　☐ 나. 협동하지 않는 태도

05 팀의 이익을 위해 일한다.
　　☐ 가. 협동하는 태도　　　☐ 나. 협동하지 않는 태도

06 서로 이해하고 부족한 부분을 채워준다.
　　☐ 가. 협동하는 태도　　　☐ 나. 협동하지 않는 태도

07 서로 비난하고 책임을 떠넘긴다.

　　□ 가. 협동하는 태도　　□ 나. 협동하지 않는 태도

08 성공과 실패는 한 개인의 능력에 좌우되지 않는다.

　　□ 가. 협동하는 태도　　□ 나. 협동하지 않는 태도

09 팀의 성공은 구성원 모두의 성공이다.

　　□ 가. 협동하는 태도　　□ 나. 협동하지 않는 태도

10 자기의 의견을 고집하지 않는다.

　　□ 가. 협동하는 태도　　□ 나. 협동하지 않는 태도

11 팀의 성공은 개인의 불만보다 더 중요하다.

　　□ 가. 협동하는 태도　　□ 나. 협동하지 않는 태도

12 서로 의지하며 일한다.

　　□ 가. 협동하는 태도　　□ 나. 협동하지 않는 태도

13 스스로 책임을 진다.

　　□ 가. 협동하는 태도　　□ 나. 협동하지 않는 태도

14 이웃과 서로 어려울 때 돕고 지낸다.

　　☐ 가. 협동하는 태도　　　☐ 나. 협동하지 않는 태도

15 내가 가진 것은 다른 사람이 가질 수 없다.

　　☐ 가. 협동하는 태도　　　☐ 나. 협동하지 않는 태도

16 힘을 합쳐 하나의 목표를 완성한다.

　　☐ 가. 협동하는 태도　　　☐ 나. 협동하지 않는 태도

5 생각해보기

다른 사람과 협동하여 성공할 수 있는 일을 적어보세요.

_____

_____

_____

_____

_____

_____

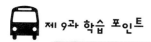 제 9과 학습 포인트

CHAPTER 9

성공은 혼자의 힘으로 이루는 것이 아니라 많은 사람들과의 협동에 의해 이루어진다.

√ 협동은 우리의 생활 속 어디나 존재한다.

√ 다른 사람과 협동할 줄 안다는 것은 성공의 필수적인 요소다.

√ 협동이란 공동의 목표를 가진 사람들이 함께 노력하는 것이다.

√ 협동의 규칙

　1. 각자의 능력에 따라 일한다.

　2. 서로 믿어준다.

　3. 솔직하게 이야기한다.

10 | 용서

다른 사람을 용서하면 나도 용서받게 된다.

'남을 꾸짖는 마음으로 자신을 꾸짖고 자신을 용서하는 마음으로 남을 용서하라.' 이 말은 관대한 태도로 다른 사람을 대해야 한다는 것을 강조하는 중국의 명언입니다. 우리는 살아가면서 다른 사람에게서 상처받기도 하고 다른 사람에게 상처를 주기도 하지요. 자신이 용서받고 싶은 만큼 다른 사람도 용서해야 합니다. 좋은 인간관계란 서로 용서할 줄 아는 마음에 의해 이루어집니다. 따라서 우리는 다른 사람을 너그럽게 용서할 줄 알아야 합니다. 사람들이 서로 용서하면 갈등없는 사회를 만들 수 있습니다.

1 용서란

용서란 상처를 준 사람에게 원한을 품지 않고 보복하거나 어떠한 보상도 받으려고 하지 않는 것입니다. 즉 과거의 잘못을 묻지 않고 원한을 모두 씻어 버리는 것입니다. 그렇다고 해서 잘못된 행동을 받아들이거나 불공평한 일을 참고 견뎌야 한다는 것은 아닙니다. 상처를 주는 사람과 친구가 되라는 의미도 아니에요. 용서의 의의는 자신을 더욱 자유롭게 하고 증오의 노예가 되지 않으며 과거의 상처 때문에 미래를 고통스럽게 보내지 않는 데 있어요. 왜냐하면 용서하지 않고 원망과 증오를 안고 살아가면 자신만 고통스럽기 때문입니다. 다른 사람을 용서할 줄 알아야만 스스로 자유로워 질 수 있어요. 또한 용서할 줄 알아야 즐겁고 건강한 삶을 살 수 있습니다.

01 우리는 왜 다른 사람을 용서해야 하나요?

　☐ 가. 다른 사람도 나에게 상처를 줄 수 있기 때문이다.

　☐ 나. 나도 다른 사람에게 상처를 줄 수 있기 때문이다.

　☐ 다. 나는 여태껏 다른 사람에게 상처를 준 적이 없기 때문이다.

　☐ 라. 다른 사람이 여태껏 나에게 상처를 준 적이 없기 때문이다.

02 서로 용서하면 사회에 어떻게 도움이 될까요?

　☐ 가. 불공평한 사회가 된다.

　☐ 나. 법을 잘 지키지 않는 사회가 된다.

　☐ 다. 범죄가 많은 사회가 된다.

　☐ 라. 갈등없는 사회가 된다.

03 용서란 자신에게 상처를 준 사람을 어떻게 대하는 것일까요?

(정답을 모두 고르세요)

　☐ 가. 원한을 품지 않는다.

　☐ 나. 상처를 가볍게 여기지 않는다.

　☐ 다. 보복하려는 마음을 품지 않는다.

　☐ 라. 증오심을 버리지 않는다.

　☐ 마. 다른 사람을 이해하지 않는다.

　☐ 바. 보상을 바라지 않는다.

04 용서할 줄 모르는 사람의 생활은 어떻게 변할까요? (정답을 모두 고르세요)

　☐ 가. 불면증에 걸린다.

　☐ 나. 밥맛이 없어진다.

　☐ 다. 혈압이 올라간다.

　☐ 라. 건강을 잃게 된다.

☐ 마. 분노가 극에 달한다.

☐ 바. 성질이 난폭해진다.

☐ 사. 초조하고 불안해진다.

05 원한을 품음으로써 자신에게 돌아오는 것은 무엇인가요?

☐ 가. 다른 사람이 깔보지 못한다.

☐ 나. 기분이 상쾌해진다.

☐ 다. 자신에게 해가 된다.

☐ 라. 보상을 받고 소원이 이루어진다.

06 용서할 줄 아는 사람은 다음 중 어떤 것에 상처받지 않을까요?

☐ 가. 돌멩이

☐ 나. 다른 사람의 비난

☐ 다. 총

☐ 라. 칼

07 용서의 의의는 무엇일까요? (정답을 모두 고르세요)

☐ 가. 더 이상 고통 속에서 살지 않는다.

☐ 나. 상처준 사람과 원수가 된다.

☐ 다. 불공평한 일을 참고 견딘다.

☐ 라. 증오심에 때문에 힘들어하지 않는다.

☐ 마. 잘못된 행동을 받아들인다.

☐ 바. 더 이상 과거에 받은 상처 때문에 힘들어하지 않는다.

☐ 사. 미래를 고통스럽게 보내지 않는다.

☐ 아. 자신을 자유롭게 한다.

08 용서는 우리의 생활과 정서에 어떻게 도움이 될까요?(정답을 모두 고르세요)

☐ 가. 마음이 홀가분하다.

☐ 나. 근심 걱정이 쌓인다.

☐ 다. 사업이 성공한다.

☐ 라. 즐겁게 생활할 수 있다.

☐ 마. 모든 일이 뜻대로 된다.

☐ 바. 몸이 건강해진다.

09 용서에 대해 어떤 것을 배웠나요?

☐ 가. 참고 견디는 것으로 시간을 낭비하지 않는다.

☐ 나. 추억하는 것으로 시간을 낭비하지 않는다.

☐ 다. 생각하는 것으로 시간을 낭비하지 않는다.

☐ 라. 화내는 것으로 시간을 낭비하지 않는다.

2 용서의 여행

'내가 아직 용서하지 못한 사람은 몇 명이나 될까?' 아직 용서하지 못한 사람들의 이름을 작은 돌멩이에 적어보세요. 그리고 나서 이름을 적은 돌멩이를 작은 주머니에 넣으세요. 이제부터 용서의 여행은 시작됩니다. 어딜가든 그 주머니를 가지고 다니세요. 학교에 갈 때나, 친구네 집에 갈 때도 잊지 말고 갖고 다니세요. 이렇게 한 일주일쯤 지나면 그 주머니가 아주 무거운 짐으로 변할 것입니다. 용서하지 못한 사람이 많으면 많을수록 주머니는 무거워질 것이고 들고 다니기 힘들어지겠지요?

01 다른 사람을 용서하지 못하면 그 무거운 짐은 어디에 놓일까요?

☐ 가. 손   ☐ 나. 목

☐ 다. 마음   ☐ 라. 어깨

02 용서하지 못한 사람이 많아지면 어떻게 될까요?

☐ 가. 그들을 모두 잊어버릴 수 있다.

☐ 나. 그들로부터 멀리 도망갈 수 있다.

☐ 다. 더 이상 화를 견디기 어려워진다.

☐ 라. 그들로부터 보상받을 수 있다.

03 작은 돌멩이를 자신에게 상처 준 사람이라고 생각하고 신발 속에 넣으세요.
만약 그 신발을 신고 걷는다면 어떤 느낌일까요? (정답을 모두 고르세요)

☐ 가. 돌멩이 때문에 발이 아프다.

☐ 나. 전혀 감각이 없다.

☐ 다. 돌멩이가 꽤 편안한다.

☐ 라. 걸을 때마다 절뚝거린다.

☐ 마. 느낌이 좀 좋다.

☐ 바. 걸을 때 편안하고 가볍다.

04 어떻게 해야 돌멩이 때문에 힘들지 않을까요?

☐ 가. 아파도 참는 힘을 키운다.

☐ 나. 돌멩이들을 작은 것으로 교체한다.

☐ 다. 돌멩이를 버린다.

☐ 라. 돌멩이를 다른 사람의 신발에 넣는다.

3 용서를 배우세요

누군가를 용서하는 일은 쉬운 일이 아니에요. 우리는 다음의 방법들을 통해 생각을 전환하고 용서하는 것을 배울 수 있어요.

(1) 세상에 완벽한 사람은 없어요. 우리는 잘못을 저지를 수도 있고 약점도 있어요. 지금은 자신이 상처받았지만 언젠가는 자신이 다른 사람에게 상처줄 수도 있다는 것을 생각해보세요.

(2) 상대방의 입장에서 생각하고 상대의 의도를 이해해보세요. 사람의 행동은 다양한 요소들의 영향을 받기 때문에 상대방은 당신에게 상처를 주려고 한 것이 아닐수도 있어요. 의도를 생각해보지 않고 독단적으로 결론을 내리면 오해와 충돌이 생기기 쉽답니다.

(3) 누군가를 계속 미워한다는 것은 과거의 상처를 계속 건드려 아물지 않게 하는 것과 마찬가지입니다. 그러니 다른 사람의 잘못으로 인해 자신이 불쾌해할 필요는 없어요.

(4) 위대한 목표를 세우고 그것을 실현하려고 노력해보세요. 그러면 누군가를 미워하는 일은 아주 작고 보잘 것 없는 일로 여겨질 것입니다.

01 세상에 완벽한 사람이 없다면 나는 어떤 사람일까요? (정답을 모두 고르세요)

☐ 가. 사랑하는 마음이 있다.

☐ 나. 공평하지 못하다.

☐ 다. 잘못을 저지를 수 있다.

☐ 라. 다른 사람에게 명령한다.

☐ 마. 다른 사람을 업신여긴다.

☐ 바. 약점이 있다.

02 누군가가 나에게 상처를 줬다고 해서 그 사람을 무조건 미워할 수는 없어요. 그 이유는 무엇일까요? (정답을 모두 고르세요)

☐ 가. 상대방의 입장에서 그 사람의 의도를 고려해보지 않았다.

☐ 나. 상처를 준 사람과는 친구가 되지 못한다.

☐ 다. 자신이 먼저 다른 사람에게 상처를 주었다.

☐ 라. 자신의 판단은 객관적이지 않을 수 있다.

☐ 마. 모든 상황을 분명하게 파악하지 못했을 수 있다.

☐ 바. 상대방의 의도를 잘못 이해했을 수 있다.

03 누군가에게 상처를 준다면 어떤 결과가 생길까요?

□ 가. 나만 상처 받을 뿐 상대는 상처받지 않는다.

□ 나. 모두 상처받지 않는다.

□ 다. 상대의 상처가 내 상처보다 크다.

□ 라. 내가 받는 상처가 상대의 상처보다 크다.

04 이루어야 할 원대한 목표가 있다면, 우리는 자신에게 상처 준 사람들을 어떻게 대하게 될까요?

□ 가. 큰 일로 생각하며 무관심하게 된다.

□ 나. 작고 사소한 일로 여기고 무관심하게 된다.

□ 다. 큰 일로 생각하며 신경 쓰게 된다.

□ 라. 작고 사소한 일로 생각하며 신경 쓰게 된다.

05 우리는 잘못을 범한 사람을 어떻게 용서해야 할까요?

□ 가. 딱 한 번만 그 사람을 용서해야 한다.

□ 나. 일곱 번 죄를 지으면 일곱 번 모두 용서해야 한다.

□ 다. 일곱 번 죄를 지으면 세 번만 용서해야 한다.

□ 라. 일곱 번 죄를 지으면 한 번만 용서해야 한다.

06 우리는 왜 자신에게 상처를 준 사람에게 감사해야 할까요?

□ 가. 정의가 뭔지 알게 해주었기 때문이다.

□ 나. 사랑이 뭔지 알게 해주었기 때문이다.

□ 다. 존중이 뭔지 알게 해주었기 때문이다.

□ 라. 용서가 뭔지 알게 해주었기 때문이다.

4 연습 : '용서하는 태도'과 '용서하지 않는 태도'를 구분 하세요.

01 이에는 이, 눈에는 눈
　　☐ 가. 용서하는 태도　　☐ 나. 용서하지 않는 태도

02 늘 마음에 담아 두고 있다.
　　☐ 가. 용서하는 태도　　☐ 나. 용서하지 않는 태도

03 지난날의 잘못을 묻지 않는다.
　　☐ 가. 용서하는 태도　　☐ 나. 용서하지 않는 태도

04 먼저 사과한다.
　　☐ 가. 용서하는 태도　　☐ 나. 용서하지 않는 태도

05 모두 잊어버린다.
　　☐ 가. 용서하는 태도　　☐ 나. 용서하지 않는 태도

06 다른 사람을 비난한다.
　　☐ 가. 용서하는 태도　　☐ 나. 용서하지 않는 태도

07 다른 사람의 약점을 들춰낸다.

☐ 가. 용서하는 태도　　☐ 나. 용서하지 않는 태도

08 다른 사람에게 관대하다.

☐ 가. 용서하는 태도　　☐ 나. 용서하지 않는 태도

09 상대방의 호의를 거절한다.

☐ 가. 용서하는 태도　　☐ 나. 용서하지 않는 태도

10 증오 속에서 산다.

☐ 가. 용서하는 태도　　☐ 나. 용서하지 않는 태도

11 물건을 부수고 싶다고 생각한다.

☐ 가. 용서하는 태도　　☐ 나. 용서하지 않는 태도

12 마음의 상처를 어루만진다.

☐ 가. 용서하는 태도　　☐ 나. 용서하지 않는 태도

13 자신을 자유롭게 한다.

☐ 가. 용서하는 태도　　☐ 나. 용서하지 않는 태도

14 자신의 노예가 된다.

☐ 가. 용서하는 태도 ☐ 나. 용서하지 않는 태도

15 마음의 상처를 치료한다.

☐ 가. 용서하는 태도 ☐ 나. 용서하지 않는 태도

16 과거의 잘못으로 한 사람을 평가하지 않는다.

☐ 가. 용서하는 태도 ☐ 나. 용서하지 않는 태도

17 자신을 비난하며 괴로워한다.

☐ 가. 용서하는 태도 ☐ 나. 용서하지 않는 태도

18 친구들에게 친절하게 대한다.

☐ 가. 용서하는 태도 ☐ 나. 용서하지 않는 태도

19 너그러움과 연민을 보인다.

☐ 가. 용서하는 태도 ☐ 나. 용서하지 않는 태도

20 화를 내며 많은 에너지를 소모한다.

☐ 가. 용서하는 태도 ☐ 나. 용서하지 않는 태도

5 생각해보기

아직도 미워하는 사람이 있다면 적어보세요. 그리고 그들을 어떻게 용서해야 할
지도 적어보세요.

_____

_____

_____

_____

_____

 제 10과 학습 포인트

우리는 다른 사람을 너그러이 용서할 줄 알아야 한다. 왜냐하면 우리 자신
도 다른 사람의 용서가 필요하기 때문이다.

✓ 용서란 상처를 준 사람에게 원한을 품지 않고 보복하거나 보상을 받으
려고 하지 않는 것이다.

✓ 용서의 의의는 증오로 괴로워하지 않고 자신의 미래를 낭비하지 않는
데 있다.

✓ 용서해야만 홀가분하고 즐겁게 살 수 있다.

✓ 용서를 위한 생각의 전환

1. 사람은 누구나 다 약점이 있고 잘못을 저지를 수 있다.

2. 상대의 행동에 화내기 전에 상대의 입장에서 그 행동을 이해해본다.

3. 다른 사람의 잘못 때문에 자신이 불쾌해할 필요는 없다.

4. 위대한 목표가 있는 사람에게 미움은 사소한 것일 뿐이다.

11 | 겸손

자신이 다른 사람보다 더 많이 알고 있다고 생각하는 것은 자신의 무지를 알고 있는 것보다 나을 게 없다.

'자만하면 손해를 보고, 겸손하면 이익을 본다.' 이 말은 중국속담으로서 겸손한 태도의 중요성을 강조하고 있습니다. 또한 겸손하면 발전하고 자만하면 실패한다는 것을 말해주지요. 물이 가득 차 있는 잔에 아무리 물을 쏟아 붓는다 해도 더 담을 수는 없어요. 하지만 늘 잔을 비워 놓는다면 더 많은 물을 받아들일 수 있겠지요. 겸손한 태도를 지니면 끊임없이 발전하고 성장할 수 있어요. 인생과 학문에는 끝이 없다는 것을 알아야 합니다.

1 겸손이란

겸손이란 배우기를 즐기고 늘 배우려는 자세를 갖는 것입니다. 또 겸손은 상대가 부자든 가난한 사람이든 모두 똑같이 존중한다는 뜻이기도 합니다. 겸손은 자신을 업신여기는 것이 아닙니다. 자신이 아무리 능력 있다고 해도 바다 한가운데 있는 작은 배처럼 아직 배울 것이 많은 사람이라는 것을 아는 자세지요.

겸손의 반대는 자만입니다. 자만하는 사람은 자랑하기 좋아하고 자신만 옳다고 여기며 자신의 주장만 고집합니다. 모든 강물이 바다로 흘러가는 이유는 바다가 가장 낮은 곳에 위치해 있기 때문입니다. 겸손은 성공과 발전의 기초가 되지만 자만은 좌절과 실패를 초래할 뿐입니다.

01 겸손이란 무엇일까요? (정답을 모두 고르세요)

☐ 가. 자신에 대해 자랑하는 것이다.

☐ 나. 배우기를 즐긴다.

☐ 다. 자신이 배울 것이 많은 사람임을 아는 것이다.

☐ 라. 자신의 모든 것을 얕본다.

☐ 마. 모든 사람을 똑같이 존중한다.

☐ 바. 다른 사람을 무시한다.

02 모든 강물이 바다로 흘러들어가는 이유는 무엇일까요?

☐ 가. 바다가 가장 좁은 곳에 위치해 있다.

☐ 나. 바다가 가장 넓은 곳에 위치해 있다.

☐ 다. 바다가 가장 높은 곳에 위치해 있다.

☐ 라. 바다가 가장 낮은 곳에 위치해 있다.

03 역사를 살펴보면 훌륭한 위인 옆에는 언제나 인재들이 모입니다. 그 이유는 무엇일까요?

☐ 가. 겸손한 마음으로 사람들을 존중하기 때문이다.

☐ 나. 대중들이 좋아하는 말이나 행동으로 환심을 사기 때문이다.

☐ 다. 권력가에게 아첨하기 때문이다.

☐ 라. 칼로 사람들을 위협하기 때문이다.

04 우리의 마음을 물 잔에 비유한다면 어떻게 해야 더 많은 지식을 받아들일 수 있을까요?

☐ 가. 물 잔을 깬다.

☐ 나. 물 잔을 평평한 곳에 놓는다.

☐ 다. 물 잔을 늘 비워 놓는다.

☐ 라. 물 잔을 엎어 놓는다.

05 겸손의 장점은 무엇인가요? (정답을 모두 고르세요)

☐ 가. 성공의 기초가 된다.

☐ 나. 새로운 발전의 기초가 된다.

☐ 다. 끊임없이 발전한다.

☐ 라. 끊임없이 성장한다.

☐ 마. 사람들에게 존경받는다.

☐ 바. 실패를 초래한다.

06 겸손은 인생에서 어떤 것의 기초가 될까요?

☐ 가. 장난과 속임수 ☐ 나. 약혼과 결혼

☐ 다. 성공과 발전 ☐ 라. 출산과 육아

07 다음 중 자만하는 사람의 특징은 무엇일까요? (정답을 모두 고르세요)

☐ 가. 자신만 옳다고 여긴다.

☐ 나. 다른 사람들에게 도움이 된다.

☐ 다. 자기 자랑을 한다.

☐ 라. 자신의 주장만 고집한다.

☐ 마. 실패한다.

☐ 바. 다른 사람을 존중한다.

08 자만의 나쁜 점은 무엇일까요? (정답을 모두 고르세요)

☐ 가. 성공의 걸림돌이 된다.

☐ 나. 객관적으로 생각할 수 없다.

☐ 다. 실패를 초래한다.

☐ 라. 자신의 발전을 방해한다.

☐ 마. 다른 사람들의 미움을 산다.

09 자만의 원인은 무엇일까요?

☐ 가. 다른 사람에게 친절한 것

☐ 나. 한 가지 일만 좋아하는 것

☐ 다. 자신이 배울 게 많은 사람이라는 것을 모르는 것

☐ 라. 자신의 잘못을 돌아보고 반성하는 것

10 자만하는 사람들은 어떻게 될까요?

☐ 가. 성공을 통해 만족을 얻는다.

☐ 나. 유명해진다.

☐ 다. 학습을 통해 성장한다.

☐ 라. 실패와 좌절을 겪는다.

2 나폴레옹의 자만

　나폴레옹 *Napolen* 은 1769년 코르시카 섬에서 태어났어요. 그는 프랑스의 군인으로서 유럽의 전쟁터를 20여 년 동안이나 누볐습니다. 그가 평생 참가한 전투만 해도 60여 개나 되며 대부분의 전투에서 승리를 거두었지요. 그는 신속함과 용맹으로 자신의 군대보다 더 크고 강한 군대들을 물리쳤어요. 사람들은 그를 '군사예술의 거장' 이라고도 불렀지요.

　하지만 연이은 승리는 나폴레옹을 자만하게 만들었어요. 그는 '내 사전에 불가능이란 단어는 없다' 라는 유명한 말을 남기기도 했지요. 그의 독단적인 행동으로 인해 프랑스 군대는 1811년 러시아원정에 실패했어요. 50만 명이 넘는 군사들 중 1만 명밖에 살아남지 못했답니다. 그의 군대는 1815년 워털루 전투에서 전멸되었어요. 나폴레옹은 결국 세인트헬레나 섬으로 유배되어 그곳에서 생을 마감하게 되었습니다.

01 나폴레옹은 어느 나라의 군인인가요?

    ☐ 가. 헝가리

    ☐ 나. 독일

    ☐ 다. 프랑스

    ☐ 라. 영국

02 사람들은 나폴레옹을 어떻게 불렀나요?

    ☐ 가. 군사전략의 거장

    ☐ 나. 군사예술의 거장

    ☐ 다. 군사전술의 거장

    ☐ 라. 군사지휘의 거장

03 나폴레옹이 남긴 말을 반대로 얘기한다면 어떻게 될까요?

    ☐ 가. '불가능'은 오직 지혜로운 사람의 사전에나 나오는 단어이다.

    ☐ 나. '가능'은 오직 지혜로운 사람의 사전에나 나오는 단어이다.

    ☐ 다. '불가능'은 오직 평범한 사람의 사전에나 나오는 단어이다.

    ☐ 라. '가능'은 오직 평범한 사람의 사전에나 나오는 단어이다.

04 50만 대군이 어느 나라를 향해 원정을 떠났나요?

    ☐ 가. 러시아

    ☐ 나. 영국

    ☐ 다. 독일

    ☐ 라. 헝가리

05 나폴레옹의 이야기에서 무엇을 배웠나요?

☐ 가. 군인수만 많으면 전쟁에서 무조건 이긴다.

☐ 나. 러시아 대신 중국으로 원정을 떠나야 한다.

☐ 다. 자만하는 사람은 실패한다.

☐ 라. 나폴레옹은 겸손한 사람이다.

3 겸손을 배우세요

사회가 하나의 기차라고 생각해보세요. 기차가 엔진, 의자, 계단, 전등 등의 다양한 부품으로 구성되어 있듯이 사회도 다양한 사람들로 구성되어 각자의 역할을 합니다. 따라서 겸손을 배우는 첫걸음은 자신이 사회의 작은 일부분임을 아는 것입니다. 자신이 한 분야에서 뛰어날 수도 있지만 그것이 다른 분야에서도 뛰어나다는 것을 의미하지는 않습니다. 우리는 사회에 없어서는 안 될 존재이지만 매우 작은 일부분이기도 합니다. 또한 현재의 성공이 영원한 성공을 의미하지도 않아요. 자만하는 사람은 우물 안 개구리와 같습니다. 자만하다 보면 시야가 점점 좁아지고 결국 자신의 발전을 방해하게 되요.

01 뛰어난 '한' 사람의 존재는 사회 '전체'에 어떤 의미를 가질까요?

☐ 가. 그 사람이 없어도 상관없다.

☐ 나. 사회를 홀로 이끌 수 있다.

☐ 다. 아무 가치도 없다.

☐ 라. 작은 일부분이다.

02 사회가 인간의 몸이고, 우리가 그 몸을 구성하는 인체 기관들이라고 한다면 우리의 가치는 어느 정도일까요?

☐ 가. 있어도 되고 없어도 된다.

☐ 나. 중요한 편이다.

　　　□ 다. 중요하지 않다.

　　　□ 라. 없어서는 안 된다.

03 책을 많이 읽어 아는 것이 많아도 겸손해야 하는 이유는 무엇인가요?

　　　□ 가. 그런 지식들은 저자의 의도와는 달리 제멋대로 해석된 것이다.

　　　□ 나. 그런 지식들은 다른 사람들로 아는 것이다.

　　　□ 다. 그런 지식들은 한번 흘낏 본 것에 지나지 않는다.

　　　□ 라. 그런 지식들은 바다 한가운데 떠있는 작은 배처럼 작은 것이다.

04 시험에서 일등을 해도 겸손해야 하는 이유는 무엇인가요?

　(정답을 모두 고르세요)

　　　□ 가. 당연한 결과다.

　　　□ 나. 한 번 일등이 영원한 1등을 의미하지는 않는다.

　　　□ 다. 앞으로도 일등할 것이기 때문이다.

　　　□ 라. 아직 배울 것이 많기 때문이다.

　　　□ 마. 다른 분야에서는 일등을 못 할수도 있다.

4 연습 : '겸손' 과 '자만' 을 구분하세요.

01 "잘못했어요."

　　　□ 가. 겸손　　　□ 나. 자만

02 새로 산 시계를 자랑한다.

　　　□ 가. 겸손　　　□ 나. 자만

03 "내 동생이 릴레이 경주에서 1등을 했어요."

☐ 가. 겸손   ☐ 나. 자만

04 시합에서 이긴 후 이렇게 말했어요. "오늘이 있기까지 많은 분들이 도와주셨습
   니다."

☐ 가. 겸손   ☐ 나. 자만

05 시합에서 이긴 후 이렇게 말했어요. "대충했는데도 이겼어요"

☐ 가. 겸손   ☐ 나. 자만

06 "우리 형은 아직 연습이 필요한 축구선수입니다."

☐ 가. 겸손   ☐ 나. 자만

07 "우리 형은 세상에서 가장 훌륭한 축구선수입니다."

☐ 가. 겸손   ☐ 나. 자만

08 새로 장만한 아파트를 자랑한다.

☐ 가. 겸손   ☐ 나. 자만

09 "너희들은 내가 야구를 얼마나 잘하는지 모르지?"

☐ 가. 겸손   ☐ 나. 자만

10 지식은 끝없는 바다와 같다.

　　☐ 가. 겸손　　　☐ 나. 자만

11 그림 대회에서 1등을 한 후 "저를 지도해 주신 선생님 덕분이에요"라고 말한다.

　　☐ 가. 겸손　　　☐ 나. 자만

12 그림 대회에서 1등을 한 후 "내가 1등을 한 것은 당연한 일입니다"라고 말한다.

　　☐ 가. 겸손　　　☐ 나. 자만

13 다른 사람의 칭찬에 대해 "고맙습니다. 나도 알아요"라고 대답한다.

　　☐ 가. 겸손　　　☐ 나. 자만

14 "나는 우리 반에서 장난감이 제일 많아요."

　　☐ 가. 겸손　　　☐ 나. 자만

15 "선물을 받아서 장난감이 많은 것뿐이에요."

　　☐ 가. 겸손　　　☐ 나. 자만

16 "나는 수영대회에서 많은 상을 받았어요."

　　☐ 가. 겸손　　　☐ 나. 자만

17 "나는 수영을 더 연습해야 해요."

　　□ 가. 겸손　　　　□ 나. 자만

18 "내가 살고 있는 집은 이 부근에서 제일 좋은 집입니다."

　　□ 가. 겸손　　　　□ 나. 자만

5 생각해보기

겸손하지 못했던 적이 있다면 적어보세요.

_____

_____

_____

_____

_____

 제 11과 학습 포인트

> ✓ 겸손해야만 끊임없이 발전할 수 있다.
>
> ✓ 겸손이란 배움을 즐기고 자신의 부족함을 인정하는 것이다.
>
> ✓ 겸손은 모든 사람을 똑같이 존중한다는 뜻이다.
>
> ✓ 자만은 자신의 주장만 고집하게 만들며 좌절과 실패를 불러온다.
>
> ✓ 자신이 배울 것이 많은 사람임을 모르는 것은 자만의 원인이다.
>
> ✓ 우리는 바다 한가운데 떠 있는 작은 배처럼 배울 게 많은 사람이다.

공감

인지상정 (人之常情) : 사람이면 누구나 가지는 다 같은 마음

공감이란 인간관계의 밑바탕이 되는 것입니다. 공감은 다른 사람의 신뢰를 얻는 데 필수적인 것이라고 심리학자들은 이야기합니다. 공감은 또한 성공하는 지도자들이 꼭 갖추어야 할 덕목이기도 합니다. 왜냐하면 다른 사람들과 공감할 수 없으면 그들을 지도할 수 없고 좋은 서로 협동하지도 목적을 이루지도 못하기 때문입니다.

1 공감이란

공감이란 인간관계에서 다른 사람의 생각과 느낌, 입장을 함께 체험하는 것입니다. 간단히 말하면 상대와 입장을 바꾸어 생각하고 상대의 마음을 이해하는 것입니다. 또한 살아가면서 자신의 일에만 몰두하는 것이 아니라 다른 사람의 행복과 취미에도 관심을 갖는 것이에요. 공감할 줄 아는 사람은 일상생활이나 일에서 다른 사람을 관찰하고 그들을 돕는 것을 잘합니다. 이런 사람들은 주변 사람들에게 환영받고 이성과도 좋은 관계를 유지할 수 있답니다.

01 공감은 어떤 일에 필요할까요? (정답을 모두 고르세요)

　　□ 가. 서로 협동할 때

　　□ 나. 인간관계

　　□ 다. 장난칠 때

　　□ 라. 자신감이 없을 때

　　□ 마. 두려움을 없앨 때

　　□ 바. 다른 사람들을 지도할 때

02 다음 중 공감이 필요한 인간관계는 무엇인가요? (정답을 모두 고르세요)

☐ 가. 형과 동생

☐ 나. 언니와 동생

☐ 다. 친구 사이

☐ 라. 선생님과 학생

☐ 마. 남편과 아내

☐ 바. 상사와 부하직원

03 다음 중 공감의 정의를 가장 잘 설명한 것은 무엇인가요?

☐ 가. 자신의 일에만 몰두한다.

☐ 나. 인재를 키운다.

☐ 다. 다른 사람을 방해한다.

☐ 라. 다른 사람에게 관심을 갖는다.

04 공감할 줄 아는 사람은 어떻게 다른 사람의 마음을 헤아릴까요?

☐ 가. 다른 사람의 눈을 들여다본다.

☐ 나. 다른 사람이 어디 사는지 알아본다.

☐ 다. 다른 사람의 직업이 무엇인지 알아본다.

☐ 라. 다른 사람의 입장에서 생각해 본다.

05 공감할 줄 아는 사람은 다른 사람의 무엇을 체험할 수 있나요?

(정답을 모두 고르세요)

☐ 가. 능력　　☐ 나. 예절　　☐ 다. 직업

☐ 라. 생각　　☐ 마. 느낌　　☐ 바. 입장

06 공감할 줄 아는 사람은 다른 사람의 무엇에 관심을 갖나요? (정답을 모두 고르세요)

☐ 가. 집 ☐ 나. 학교 ☐ 다. 행복

☐ 라. 돈 ☐ 마. 가족 ☐ 바. 취미

07 공감할 줄 아는 사람은 어떤 특징이 있나요? (정답을 모두 고르세요)

☐ 가. 주변 사람들에게 환영받는다.

☐ 나. 이성과 좋은 관계를 유지한다.

☐ 다. 다른 사람에게 관심을 갖는다.

☐ 라. 힘든 일은 피하고 쉬운 일만 골라한다.

☐ 마. 다른 사람을 관찰한다.

☐ 바. 다른 사람을 돕는다.

08 만약 혼자 사시는 할머니께서 매일 나에게 전화를 걸어온다면, 나는 할머니의 마음에 어떻게 공감해야 할까요?

☐ 가. 할머니가 너무 귀찮다.

☐ 나. 할머니는 전화 회사에서 일하신다.

☐ 다. 할머니는 물건을 팔려고 하신다.

☐ 라. 할머니는 외로워하신다.

09 수업시간 중 친구의 책 읽는 속도가 느리다면, 어떻게 그에게 공감해야 할까요?

☐ 가. 나도 긴장하면 책을 천천히 읽는다.

☐ 나. 친구는 매우 둔하다.

☐ 다. 친구는 수업에 진지하게 참여하지 않는다.

☐ 라. 친구가 수업의 진도를 늦추고 있다.

2 어린 아이의 눈에 비친 크리스마스

어느 크리스마스 이브였어요. 한 어머니가 자신의 아이에게 크리스마스 기분을 느끼게 해주기 위해 아이를 데리고 백화점으로 갔습니다. 그날 백화점은 눈부시게 아름다웠어요. 반짝이는 크리스마스 트리에는 선물이 대롱대롱 매달려있고 쇼핑하는 사람들은 모두 즐거운 표정이었습니다. 그런데 크리스마스의 즐거운 분위기 속에서 어머니는 아이의 흐느낌 소리를 들었어요. 이상하게 생각한 어머니는 무릎을 꿇고 앉아 아이를 달래기 시작했어요.

"애야, 이렇게 좋은 날에 왜 우니?" 하지만 여전히 아이는 울음을 그치지 않았어요. 그때 우연히 머리를 들어 앞을 본 어머니는 아이가 우는 이유를 알게 되었습니다. 아이의 눈높이에서는 오고 가는 사람들의 다리 밖에 볼 수 없었던거예요. 반짝이는 크리스마스 트리도, 찬란한 불빛도, 진열장도 보이지 않았어요.

01 어머니는 왜 아이를 데리고 백화점에 갔을까요?

☐ 가. 공연을 보기 위해

☐ 나. 즐거운 크리스마스 기분을 느끼게 하려고

☐ 다. 혼내주려고

☐ 라. 자신이 백화점에서 일하기 때문에

02 아이는 백화점에서 어떤 반응을 보였나요?

☐ 가. 소리를 질렀다.

☐ 나. 말이 없었다.

☐ 다. 웃었다.

☐ 라. 울었다.

03 어머니가 무릎을 꿇고 앉았을 때, 무엇을 보았나요?

☐ 가. 왔다 갔다 하는 사람들의 다리

☐ 나. 왔다 갔다 하는 사람들의 그림자

☐ 다. 왔다 갔다 하는 사람들의 쇼핑백

☐ 라. 왔다 갔다 하는 사람들의 코트

04 이 이야기에서 무엇을 배웠나요?

☐ 가. 어머니는 행인의 관점에서 아이를 이해해야 했다.

☐ 나. 어머니는 백화점 점원의 관점에서 아이를 이해해야 했다.

☐ 다. 어머니는 자신의 관점에서 아이를 이해해야 했다.

☐ 라. 어머니의 아이의 관점에서 아이를 이해해야 했다.

3 공감을 배우세요

공감을 배우려면 자신의 마음을 먼저 이해할 줄 알아야 합니다. 어떤 사람이 자신의 느낌을 잘 알고 있다면 다른 사람의 느낌도 정확하게 알 수 있어요. 또한 공감을 배우려면 상대방의 말에 귀 기울여야 합니다. 그래야 상대방의 느낌을 읽을 수 있어요. 예를 들어 우리는 '역할놀이'를 해볼 수 있어요. 이것은 상대방의 느낌을 자신의 느낌인 것처럼 말해봄으로써 상대를 이해하는 방법입니다.

01 다음 중 공감을 배울 수 있는 방법은 무엇일까요? (정답을 모두 고르세요)

☐ 가. 자신의 마음을 먼저 이해할 줄 알아야 한다.

☐ 나. 다른 사람의 마음을 이해하는 것이 우선이다.

☐ 다. 다른 사람의 생각을 바꾸려고 한다.

☐ 라. 다른 사람의 행동을 무시한다.

☐ 마. 다른 사람의 말에 귀 기울인다.

☐ 바. '역할놀이'를 한다.

02 자신의 마음을 이해하는 것이 왜 중요한가요?

☐ 가. 자신의 마음을 모른다면 주위 사람들이 어떤 음식을 좋아하는지 알 수 없기 때문에

☐ 나. 자신의 마음을 모른다면 주위 사람들이 어떤 일을 하고 있는지 알 수 없기 때문에

☐ 다. 자신의 마음을 모른다면 주위 사람들이 어떤 말을 하고 있는지 알 수 없기 때문에

☐ 라. 자신의 마음을 모른다면 주위 사람들이 어떤 생각을 하고 있는지 알 수 없기 때문에

03 공감하려면 상대방의 말을 귀 기울여 듣고 나서 무엇을 해야 하나요?

☐ 가. 상대방의 느낌을 이해하려고 노력한다.

☐ 나. 상대방의 말을 외우려고 노력한다.

☐ 다. 상대방이 한 말의 핵심을 적는다.

☐ 라. 상대방의 말을 따라한다.

04 '역할놀이'는 공감을 배우는 데 어떻게 도움이 될까요?

☐ 가. 같은 처지에 있어야 상대의 얼굴을 알게 된다.

☐ 나. 같은 처지에 있어야 상대의 목소리를 알게 된다.

☐ 다. 같은 처지에 있어야 상대가 어떤 느낌인지 알게 된다.

☐ 라. 같은 처지에 있어야 상대의 몸무게를 알게 된다.

4 연습 : '공감하는 태도'와 '공감하지 않는 태도'를 구분 하세요.

01 상대방의 입장에서 그 사람의 마음을 헤아린다.
　　☐ 가. 공감하는 태도　　　☐ 나. 공감하지 않는 태도

02 집에 늦게 들어갈 때는 가족들이 걱정하지 않게 전화로 알려준다.
　　☐ 가. 공감하는 태도　　　☐ 나. 공감하지 않는 태도

03 어머니의 집안일이 너무 많기 때문에 우리가 도와주어야 한다.
　　☐ 가. 공감하는 태도　　　☐ 나. 공감하지 않는 태도

04 내가 물을 마시고 싶을 때는 동생도 물을 마시고 싶은지 물어본다.
　　☐ 가. 공감하는 태도　　　☐ 나. 공감하지 않는 태도

05 "나는 네가 시합에서 이겨서 매우 기쁘다."
　　☐ 가. 공감하는 태도　　　☐ 나. 공감하지 않는 태도

06 동생이 전화를 받고 있을 때 옆에서 청소기를 사용한다.
　　☐ 가. 공감하는 태도　　　☐ 나. 공감하지 않는 태도

07 운전할 때 교통규칙을 지키지 않는다.

☐ 가. 공감하는 태도　　☐ 나. 공감하지 않는 태도

08 "어쩐지 너는 좀 슬퍼 보이는구나."

☐ 가. 공감하는 태도　　☐ 나. 공감하지 않는 태도

09 할아버지는 연세가 많아서 계단을 이용하시기 힘들다.

☐ 가. 공감하는 태도　　☐ 나. 공감하지 않는 태도

10 "네가 너무 바빠서 내 선물을 준비하지 못했을 거라고 믿어."

☐ 가. 공감하는 태도　　☐ 나. 공감하지 않는 태도

11 "그는 감기가 심해 오늘 경기에 참가하지 못했을 거야."

☐ 가. 공감하는 태도　　☐ 나. 공감하지 않는 태도

12 "다른 사람의 비평 때문에 괴로워하지 마. 나는 네 그림이 마음에 들어."

☐ 가. 공감하는 태도　　☐ 나. 공감하지 않는 태도

13 시험공부 때문에 힘들어 하는 친구를 위로해 준다.

☐ 가. 공감하는 태도　　☐ 나. 공감하지 않는 태도

14 애완동물이 죽어서 슬퍼하는 친구에게 화를 낸다.

☐ 가. 공감하는 태도   ☐ 나. 공감하지 않는 태도

15 "동생은 고기를 좋아하지 않아요. 함께 생선을 먹으러 가는 건 어떨까요?"

☐ 가. 공감하는 태도   ☐ 나. 공감하지 않는 태도

16 공공장소에서 친구와 큰 소리로 떠든다.

☐ 가. 공감하는 태도   ☐ 나. 공감하지 않는 태도

17 버스를 탈 때 새치기를 한다.

☐ 가. 공감하는 태도   ☐ 나. 공감하지 않는 태도

18 버스에서 짐을 옆자리에 놓아둔다.

☐ 가. 공감하는 태도   ☐ 나. 공감하지 않는 태도

19 울고 있는 친구에게 휴지를 건네준다.

☐ 가. 공감하는 태도   ☐ 나. 공감하지 않는 태도

20 실수로 넘어진 친구를 놀리지 않는다.

☐ 가. 공감하는 태도   ☐ 나. 공감하지 않는 태도

5 생각해보기

자신이 다른 사람에게 공감하지 못했던 적이 있다면 적어보세요.

_____

_____

_____

_____

_____

_____

 제 12과 학습 포인트

> ✓ 공감은 인간관계의 밑바탕이다. 또한 성공하는 지도자가 꼭 갖추어야
>   할 덕목이다.
> ✓ 공감한다는 것은 다른 사람의 마음이 내 마음인 것처럼 이해하는 것
>   이다.
> ✓ 공감이란 다른 사람의 입장에서 생각하는 것이다.
> ✓ 공감을 키우는 방법
>   1. 자신의 마음을 먼저 이해해야 한다.
>   2. 다른 사람의 말에 귀 기울여야 한다.
>   3. '역할놀이'를 한다.

13 | 공평

발이 없는 사람을 보고 나서야 우리는 신을 신발이 없다고 불평하는 것을 멈출 수 있다.

공평은 그리스 신화에 나오는 정의의 여신과 같습니다. 정의의 여신은 두 눈을 천으로 가린 채 옳고 그름을 저울질하지요. 따라서 외부의 영향을 받지 않아요. 사람들은 세상이 공평하기를 원합니다. 세상이 공평하면 많은 사람들이 평화롭게 지낼 수 있기 때문입니다. 공평함이 있어야만 국가와 사회, 이웃과 내 가족이 발전할 수 있어요.

1 공평이란

공평이란 편견 없이 다른 사람을 대하는 것입니다. 피부색, 외모, 지위 및 재산 등에 관계없이 모든 사람들을 평등하게 대하고 편애하지 않는 것입니다. 하지만 공평은 모든 사람들이 똑같이 대우받는 것을 의미하지는 않아요. 공평은 사람들이 자신에게 가장 적합한 대우를 받는 것을 의미합니다. 예를 들어 노인과 젊은 청년에게 똑같이 힘든 일을 시킨다거나, 게으른 사람과 부지런한 사람이 똑같이 일한 대가를 받는 것은 불공평한 것입니다.

01 공평하지 않은 사회에는 어떤 일이 생길까요? (정답을 모두 고르세요)

☐ 가. 옳고 그름이 뒤바뀐다.

☐ 나. 직원을 채용할 때 자신과 친한 사람을 뽑는다.

☐ 다. 직원을 채용할 때 못 생긴 사람은 뽑지 않는다.

☐ 라. 뇌물을 주고받는다.

☐ 마. 선생님이 특정 학생만 편애한다.

☐ 바. 법을 위반한다.

☐ 사. 힘을 믿고 약한 자를 괴롭힌다.

☐ 아. 외국인 노동자를 무시한다.

☐ 자. 재산이 많은 사람에게만 친절하다.

02 공평한 사회는 어떤 모습일까요?

☐ 가. 사람들이 서로 싸운다.

☐ 나. 사람들이 서로 평화롭게 지낸다.

☐ 다. 사람들이 서로 미워한다.

☐ 라. 사람들이 서로에게 거짓말한다.

03 다음 중 공평하게 처리해야 할 일은 무엇인가요?

(정답을 모두 고르세요)

☐ 가. 운동시합

☐ 나. 학교시험

☐ 다. 국회의원 선거

☐ 라. 대통령 선거

☐ 마. 승진

☐ 바. 집안일 분배

☐ 사. 세금 부과

☐ 아. 직원 채용

04 공평의 정의는 무엇일까요?

☐ 가. 어느 한 사람만 편애한다.

☐ 나. 다른 사람들에게 불친절하게 대한다.

☐ 다. 다른 사람들에 대해 부정적으로 생각한다.

☐ 라. 다른 사람들을 평등하게 대한다.

05 다음 중 다른 사람들을 공평하게 대하는 방법은 무엇인가요?

☐ 가. 사람들은 모두 똑같기 때문에 똑같이 대우해준다.

☐ 나. 사람들은 서로 다르기 때문에 그에 적합하게 대우해준다.

☐ 다. 사람들은 모두 똑같기 때문에 서로 다르게 대우해준다.

☐ 라. 사람들은 서로 다르기 때문에 똑같이 대우해준다.

06 고등학생과 초등학생이 100미터 달리기를 한다면 다음 중 어떤 규칙이 공평할까요?

☐ 가. 동시에 출발한다.

☐ 나. 초등학생이 먼저 출발한다.

☐ 다. 고등학생이 먼저 출발한다.

☐ 라. 공평한 규칙이 없다.

07 다음 중 회사의 사장이 직원의 월급을 공평하게 준 것은 무엇일까요?

☐ 가. 자신의 기분에 따라 준다.

☐ 나. 모두 똑같이 준다.

☐ 다. 회사에 공헌한 정도에 따라 준다.

☐ 라. 학력에 따라 준다.

08 친구들끼리 케이크를 나눠 먹을 때 공평한 것은 무엇일까요?

　　□ 가. 체중에 따라 나눈다.

　　□ 나. 남자 아이에게 더 많이 준다.

　　□ 다. 시험 성적에 따라 나눈다.

　　□ 라. 똑같이 나눈다.

2 농부의 수확

　옛날에 한 농부가 있었어요. 그는 어느 날 이웃들에게 물었습니다. "이 밭에 보리를 심으면 맛있는 빵을 먹을 수 있어요. 누가 나를 도와주지 않겠어요?" 이웃들은 모두 거절했어요. 그래서 농부는 혼자 보리를 심을 수밖에 없었습니다.

　어느덧 보리가 자라 수확할 때가 되었습니다. 농부는 또 이웃에게 물었어요. "누가 나를 도와 보리를 베지 않겠어요?" 이웃들은 이번에도 자신의 일이 아니라며 거절했어요. 농부는 할 수 없이 혼자서 보리를 모두 수확했습니다.

　이번엔 거둬들인 보리로 빵을 만들 차례가 왔어요. 농부는 또 다시 이웃들에게 물었습니다. "누가 나를 도와 빵을 굽지 않겠어요?" 이웃들은 모두 "우린 너무 바빠요. 시간이 없어요"라고 대답했습니다.

　농부는 혼자 말없이 빵을 만들었어요. 마침내 맛있는 빵이 완성됐습니다. 아무 노력도 들이지 않은 이웃들은 맛있는 빵을 보자 욕심이 생겼어요. 그들은 농부의 빵을 먹으려 했어요. 그들은 농부가 보리를 심은 밭은 하늘이 모두에게 준 선물이기 때문에 거기서 나온 빵을 다같이 먹어야 한다고 주장했어요. 결국 이웃들은 빵을 얻기 위해 법관을 찾아갔어요. 자초지종을 듣고 난 법관은 이렇게 말했어요. "많이 일하면 많이 얻고 적게 일하면 적게 얻습니다. 일하지 않은 사람은 아무것도 얻지 못합니다. 이것이 바로 공평입니다." 농부의 이웃들은 결국 빵을 한 개도 얻지 못했어요.

01 보리는 어떤 과정을 거쳐 빵이 되었나요?

　　☐ 가. 수확 ➡ 심기 ➡ 굽기

　　☐ 나. 굽다 ➡ 심기 ➡ 수확

　　☐ 다. 심기 ➡ 굽기 ➡ 수확

　　☐ 라. 심기 ➡ 수확 ➡ 굽기

02 법관은 무엇이 공평이라고 말했나요?

　　☐ 가. 많이 일하면 많이 얻고, 적게 일하면 적게 얻고, 일하지 않은 사람은 아무 것도 얻지 못한다.

　　☐ 나. 많이 일하면 적게 얻고, 적게 일하면 적게 얻고, 일하지 않은 사람은 아무 것도 얻지 못한다.

　　☐ 다. 적게 일하면 많이 얻고, 적게 일하면 적게 얻고, 일하지 않은 사람은 아무 것도 얻지 못한다.

　　☐ 라. 많이 일한 자는 아무것도 얻지 못하고, 적게 일하면 적게 얻고, 일하지 않은 사람은 아무것도 얻지 못한다.

03 결국 이웃들은 빵을 얼마나 얻을 수 있었나요?

　　☐ 가. 모두가 똑같이 나누어 가졌다.

　　☐ 나. 한 이웃이 모든 빵을 가졌다.

　　☐ 다. 한 개도 얻지 못했다.

　　☐ 라. 다섯 개를 얻었다.

04 농부의 이야기에서 무엇을 배웠나요?

　　☐ 가. 다른 사람의 도움을 요청하지 말아야 한다.

　　☐ 나. 노력에 관계없이 똑같이 얻을 수 있다.

　　☐ 다. 노력한 것만큼 얻을 수 있다.

　　☐ 라. 어떤 일이든 혼자 해야 한다.

3 불공평한 대우에 맞서세요

우리는 모든 일이 공평하기를 바랍니다. 하지만 안타깝게도 세상에는 불공평한 일도 있습니다. 또한 자신이 노력해서 얻을 수 없는 것도 있습니다. 모든 사람이 동의하는 공평의 기준을 찾기란 어려운 일입니다. 왜냐하면 우리는 모두 서로 다른 환경에서 자라고 교육받기 때문입니다. 그렇게 때문에 공평에 대한 이해도 모두 다를 수밖에 없습니다. 그러나 우리는 불공평한 환경 속에서도 공평하게 사람을 대하고, 선입견이나 편견으로 다른 사람을 평가하지 말아야 합니다. 뿐만 아니라 우리는 자신이 태어나는 환경을 선택할 수 없습니다. 예를 들어 어떤 사람은 태어날 때부터 부유하고 총명하지요. 따라서 세상이 불공평하다고 불평만 한다면 성장하고 발전할 수 있는 기회를 놓치게 돼요.

01 어떻게 하면 모든 사람이 동의하는 공평의 기준을 찾을 수 있나요?

☐ 가. 다른 사람에게 얼마나 친절하게 대하느냐가 기준이다.

☐ 나. 기준을 찾기 어렵다.

☐ 다. 법이 공평의 기준이다.

☐ 라. 사랑을 기준으로 삼는다.

02 위 문제에서 선택한 답의 원인은 무엇일까요?

☐ 가. 누구나 평등하게 다른 사람을 대할 수 있기 때문이다.

☐ 나. 공평에 대한 이해가 사람마다 다르기 때문이다.

☐ 다. 공평에 대한 이해는 모두 같기 때문이다.

☐ 라. 누구나 친절하게 다른 사람을 대할 수 있기 때문이다.

03 다음 중 자신이 노력해서 얻을 수 없는 것은 무엇일까요? (정답을 모두 고르세요)

☐ 가. 외모　　　☐ 나. IQ

☐ 다. 성별　　　☐ 라. 동생　　　☐ 마. 부모님

04 우리는 불공평한 상황에 무엇을 할 수 있을까요?

　□ 가. 불공평함을 끊임없이 원망한다.

　□ 나. 불공평한 상황에서 도망간다.

　□ 다. 자신을 불쌍하게 생각한다.

　□ 라. 불공평한 상황을 고치려고 노력한다.

4 연습 : '공평한 태도' 와 '공평하지 않은 태도'를 구분하세요.

01 외모를 보고 사람을 판단한다.

　□ 가. 공평한 태도　　　□ 나. 공평하지 않은 태도

02 사람들을 등급으로 나눈다.

　□ 가. 공평한 태도　　　□ 나. 공평하지 않은 태도

03 부자를 존경하고 가난한 자를 무시한다.

　□ 가. 공평한 태도　　　□ 나. 공평하지 않은 태도

04 누구에게나 친절하게 대한다.

　□ 가. 공평한 태도　　　□ 나. 공평하지 않은 태도

05 장애인을 배려한다.

　□ 가. 공평한 태도　　　□ 나. 공평하지 않은 태도

06 모든 사람을 평등하게 대한다.

☐ 가. 공평한 태도 　　 ☐ 나. 공평하지 않은 태도

07 부모는 모든 자녀를 똑같이 사랑한다.

☐ 가. 공평한 태도 　　 ☐ 나. 공평하지 않은 태도

08 잘못을 저질러도 벌을 주지 않는다.

☐ 가. 공평한 태도 　　 ☐ 나. 공평하지 않은 태도

09 가족들이 번 돈으로 혼자 휴가를 떠난다.

☐ 가. 공평한 태도 　　 ☐ 나. 공평하지 않은 태도

10 약속을 어긴다.

☐ 가. 공평한 태도 　　 ☐ 나. 공평하지 않은 태도

11 범죄를 저지른 사람은 벌을 받는다.

☐ 가. 공평한 태도 　　 ☐ 나. 공평하지 않은 태도

12 경기의 규칙을 자신에게 유리하게 바꾼다.

☐ 가. 공평한 태도 　　 ☐ 나. 공평하지 않은 태도

13 강한 자가 항상 옳다.

☐ 가. 공평한 태도　　　☐ 나. 공평하지 않은 태도

14 다른 사람에게 피해를 주는 일을 한다.

☐ 가. 공평한 태도　　　☐ 나. 공평하지 않은 태도

15 상대방의 학력에 따라 차별하지 않는다.

☐ 가. 공평한 태도　　　☐ 나. 공평하지 않은 태도

16 한 아이가 안경을 쓰면 다른 아이들도 모두 안경을 써야 한다.

☐ 가. 공평한 태도　　　☐ 나. 공평하지 않은 태도

17 상사가 신입사원들 중 한 명을 편애한다.

☐ 가. 공평한 태도　　　☐ 나. 공평하지 않은 태도

18 노력한 만큼 보상을 받는다.

☐ 가. 공평한 태도　　　☐ 나. 공평하지 않은 태도

5 생각해보기

자신이 생각하는 불공평함을 적어보고 그것에 어떻게 맞설 수 있는지도 적어
보세요.

_____

_____

제 13과 학습 포인트

✓ 공평은 사람들이 서로 평화롭게 지낼 수 있는 방법이다.

✓ 공평은 모든 사람들을 평등하게 대하며 절대 편애하지 않는 것이다.

✓ 공평은 각자의 노력과 공헌에 적합한 대우를 해주는 것이다.

✓ 모두가 동의하는 공평의 기준은 없다.

✓ 우리는 끊임없는 노력으로 불공평함을 극복해야 한다.

14 신용

사람이 신용이 없으면 다른 사람들과 어울리지 못한다.

신용은 인간관계의 기본입니다. 신용이 없으면 누구도 우리를 믿어주지 않기 때문에 우리가 한 말은 아무 의미도 없게 되지요. 그러면 어떤 일도 할 수가 없어요. 사람들은 신용이 없는 사람은 상대할 가치도 없다고 생각합니다. 따라서 신용은 사람들과 평화롭게 지내는 데 꼭 필요한 것입니다. 만약 사람들이 신용을 지키지 않는다면 우리가 사는 세상은 어떻게 될까요?

1 신용이란

신용이란 어떤 일이 있더라도 자신이 약속한 것은 끝내는 것입니다. 중간에 그만두거나 다른 사람에게 떠넘기면 안 돼요. 신용은 눈에 보이지는 않지만 하나의 계약과 같은 효력을 가집니다. 자신에 대한 보증서이기도 하지요. 우리가 누군가와 약속을 하면 그 사람은 우리가 그 약속을 지킬 거라고 믿습니다. 그런데 약속을 지키지 않으면 그 사람은 불쾌함을 느끼게 됩니다. 따라서 신용은 성공을 위한 필수 조건이에요. 즉, 다른 사람에게 인정받고 싶다면 먼저 신용을 지키는 사람이 되어야 합니다.

01 신용이란 무엇일까요?

　□ 가. 자신이 이해한 일을 끝내는 것이다.

　□ 나. 자신이 좋아하는 일을 끝내는 것이다.

　□ 다. 자신이 약속한 일을 끝내는 것이다.

　□ 라. 자신이 거절한 일을 끝내는 것이다.

02 신용을 지키지 않는 사람은 어떻게 될까요?

　□ 가. 사람들이 그의 말을 듣기 위해 몰려든다.

　□ 나. 어떤 일이라도 도전해볼 수 있다.

　□ 다. 어떤 말을 해도 사람들이 믿는다.

　□ 라. 그의 말을 믿는 사람이 없다.

03 약속을 지키지 않으면 상대방은 어떻게 느낄까요?

　□ 가. 불쾌해한다.

　□ 나. 좋아한다.

　□ 다. 기뻐한다.

　□ 라. 편안해한다.

04 다음 중 신용을 지키지 않는 사람들의 핑계는 무엇일까요?

　(정답을 모두 고르세요)

　□ 가. 나는 이 일을 그다지 좋아하지 않는다.

　□ 나. 나는 기분이 좋지 않다.

　□ 다. 잠시 후에 하겠다.

　□ 라. 이렇게 어려울 줄 몰랐다.

　□ 마. 이것보다 더 중요한 일이 있다.

　□ 바. 내 능력이 부족한 것 같다.

□ 사. 도와줄 사람이 필요하다.

□ 아. 이 일은 하지 않아도 상관없다.

05 신용을 지키는 사람은 어떤 특징이 있나요?

(정답을 모두 고르세요)

□ 가. 믿음직하다.

□ 나. 신중하다.

□ 다. 성실하다.

□ 라. 엄숙하다.

□ 마. 정직하다.

□ 바. 심각하다.

06 신용을 지키는 사람은 주위 사람으로부터 어떤 평가를 받나요?

□ 가. 신뢰받는다.   □ 나. 무시당한다.

□ 다. 미움받는다.   □ 라. 오해받는다.

07 직원들은 신용을 지키는 리더를 어떻게 생각하나요?

□ 가. 증오한다.   □ 나. 오해한다.

□ 다. 미워한다.   □ 라. 신뢰한다.

08 사업가가 신용을 지키지 못하면 어떻게 되나요?

□ 가. 사업이 성공한다.

□ 나. 사업이 망한다.

□ 다. 좋은 상품을 개발한다.

□ 라. 직원들의 신뢰를 받는다.

2 신용을 지킨 모건

　　19세기 미국에 작은 보험회사의 주식을 소유한 투자가가 한 명 있었어요. 그런데 어느 날 이 보험회사에 예상치 못한 일이 일어났어요. 고객 한 명이 큰 화재의 피해자가 되어 회사가 거액의 보상금을 내주어야 했지요. 이 사건 후 보험회사의 주주들은 하나 둘씩 자신의 지분을 가지고 떠났어요. 이 투자가만이 마지막까지 혼자 남아 회사를 책임졌습니다. 그는 몇 년 동안 공들여 경영해온 호텔을 팔아 화재의 피해를 입은 고객에게 보상금을 지불했어요. 그에게는 텅 빈 회사만이 남게 되었지요. 하지만 이때 기적 같은 일이 일어났어요. 이 일로 많은 사람들이 회사를 신뢰하게 되었고 보험에 가입했습니다. 얼마 지나지 않아 그는 팔았던 호텔을 되찾고 큰돈을 벌었어요. 이 사람이 바로 미국의 억만 장자인 J.P.모건J.P Morgan 입니다. 그의 후손들은 모건의 유산을 바탕으로 미국 월가에서 제일가는 금융 화사인 J. P. 모건 그룹을 세웠어요.

01 모건은 왜 자신의 호텔을 팔았나요?

　　□ 가. 호텔을 경영하는 데 흥미를 잃었기 때문이다.

　　□ 나. 큰 화재를 입은 보험계약자에게 보험금을 주기 위해서이다.

　　□ 다. 호텔이 낡았기 때문이다.

　　□ 라. 모든 보험계약자가 화재 피해를 입었기 때문이다.

02 호텔을 판 직후 모건은 어떤 처지에 놓이게 되었나요?

　　□ 가. 좌절로 인해 폐인이 되었다.

　　□ 나. 큰 병에 걸렸다.

　　□ 다. 크게 성공했다.

　　□ 라. 텅 빈 회사만 남게 되었다.

03 이 일로 사람들은 모건의 회사를 어떻게 생각하게 되었나요?

　□ 가. 신뢰하게 되었다.

　□ 나. 불신하게 되었다.

　□ 다. 파산하는 것이 당연하다고 생각하게 되었다.

　□ 라. 성공하는 것이 당연하다고 생각하게 되었다.

04 모건의 후손들은 미국의 어느 업종을 주도하게 되었나요?

　□ 가. 유통

　□ 나. 운수

　□ 다. 금융

　□ 라. 석유

05 신용을 지킨 모건의 행동에서 무엇을 배웠나요?

　□ 가. 회사를 경영 할 때는 위험을 정확하게 판단해야 한다.

　□ 나. 신용은 보이지 않는 재산이다.

　□ 다. 보험에 가입하면 돈을 벌 수 있다.

　□ 라. 주식을 사야겠다.

3 신용을 배우세요

　신용을 지키는 사람이 되려면 가장 먼저 자신의 능력을 고려해야 합니다. 자신이 할 수 있는 일이 무엇인지를 확실히 알고 나서 약속을 해야 해요. 왜냐하면 사람들이 신용을 지키지 못하는 가장 큰 이유는 자신의 능력을 고려하지 않고 약속하기 때문입니다. 우리는 '약속한 일은 끝낸다' 라는 원칙을 지키며 다른 사람의 기대에 어긋나지 않도록 해야 합니다. 신용을 지키는 사람이 되기 위해서는 생활 속의 작은 일부터 약속을 지키는 연습을 해 그것이 습관이 되도록 해야 합니다.

01 약속하기 전에 우리는 무엇을 먼저 고려해야 하나요?

☐ 가. 자신의 지능 　☐ 나. 자신의 능력

☐ 다. 자신의 흥미 　☐ 라. 자신의 성격

02 약속하기 전에 우리가 알아야 할 것은 무엇인가요?

☐ 가. 다른 사람이 포기할 수 있는 일이 무엇인지를 알아야 한다.

☐ 나. 자신이 포기할 수 있는 일이 무엇인지를 알아야 한다.

☐ 다. 다른 사람이 할 수 있는 일이 무엇인지를 알아야 한다.

☐ 라. 자신이 할 수 있는 일이 무엇인지를 알아야 한다.

03 우리가 신용을 위해서 지켜야 할 원칙은 무엇인가요?

☐ 가. 약속한 일은 끝낸다.

☐ 나. 일단 약속부터 하고 본다.

☐ 다. 말을 삼간다.

☐ 라. 사실보다 과장해서 말한다.

04 우리는 어떻게 신용을 습관으로 만들 수 있을까요?

☐ 가. 생활 속의 좋은 일부터 약속을 지키는 연습을 한다.

☐ 나. 생활 속의 큰일부터 약속을 지키는 연습을 한다.

☐ 다. 생활 속의 재미있는 일부터 약속을 지키는 연습을 한다.

☐ 라. 생활 속의 작은 일부터 약속을 지키는 연습을 한다.

05 다음 중 지키기 어려운 약속은 무엇일까요? (정답을 모두 고르세요)

☐ 가. 매일 방 청소를 하겠다.

☐ 나. 나는 미래에 미국대통령이 되겠다.

□ 다. 나는 내년에 1억을 벌 것이다.

□ 라. 나는 여름 방학동안 매일 동생에게 30분씩 동화책을 읽어주겠다.

□ 마. 나는 전교생을 친구의 생일 파티에 초대하겠다.

□ 바. 나는 매일 자기 전에 일기를 쓰겠다.

□ 사. 나는 병에 걸린 친구 네 강아지가 꼭 완치되게 만들겠다.

□ 아. 나는 내일 너를 데리고 달에 가겠다.

□ 자. 나는 한 달에 책 100권을 읽겠다.

□ 차. 나는 내일 너에게 빌려 간 지리책을 돌려주겠다.

□ 카. 나는 죽을 때까지 매일 너에게 전화를 걸겠다.

4 연습 : '신용 있는 태도'와 '신용 없는 태도'를 구분하세요.

01 친구의 비밀을 다른 사람에게 이야기한다.

□ 가. 신용 있는 태도   □ 나. 신용 없는 태도

02 꾼 돈을 제때 갚는다.

□ 가. 신용 있는 태도   □ 나. 신용 없는 태도

03 비밀을 잘 지킨다.

□ 가. 신용 있는 태도   □ 나. 신용 없는 태도

04 끝까지 변하지 않는다.

□ 가. 신용 있는 태도   □ 나. 신용 없는 태도

05 약속하면 꼭 지킨다.

    ☐ 가. 신용 있는 태도   ☐ 나. 신용 없는 태도

06 빚을 졌으면 꼭 갚는다.

    ☐ 가. 신용 있는 태도   ☐ 나. 신용 없는 태도

07 말하면 말한 대로 한다.

    ☐ 가. 신용 있는 태도   ☐ 나. 신용 없는 태도

08 일단 승낙한 일은 나중에 후회하지 않는다.

    ☐ 가. 신용 있는 태도   ☐ 나. 신용 없는 태도

09 아무 생각없이 말한다.

    ☐ 가. 신용 있는 태도   ☐ 나. 신용 없는 태도

10 입에서 나오는 대로 함부로 말한다.

    ☐ 가. 신용 있는 태도   ☐ 나. 신용 없는 태도

11 말만 하고 행동으로 옮기지 않는다.

    ☐ 가. 신용 있는 태도   ☐ 나. 신용 없는 태도

12 자신의 능력에 맞는 약속을 한다.

    ☐ 가. 신용 있는 태도   ☐ 나. 신용 없는 태도

CHAPTER 14

13 한번 시작한 일은 끝까지 한다.

  ☐ 가. 신용 있는 태도   ☐ 나. 신용 없는 태도

14 다른 사람의 공로를 자신이 차지한다.

  ☐ 가. 신용 있는 태도   ☐ 나. 신용 없는 태도

5 생각해보기

자신이 아직 지키지 못한 약속이 있다면 적어보세요.

_____

_____

_____

_____

_____

 제 14과 학습 포인트

> ✓ 신용은 인간관계의 기본이다.
>
> ✓ 신용이 없으면 누구도 믿어주지 않는다.
>
> ✓ 신용을 지킨다는 것은 자신이 약속한 일을 끝까지 해낸다는 것이다.
>
> ✓ 신용은 성공하는 사람의 필수 조건이다.
>
> ✓ 자신의 능력을 확실히 알고 나서 약속을 해야 한다.
>
> ✓ '약속한 일은 끝낸다' 는 원칙을 엄수하며 생활 속의 작은 일부터 약속
>
>   을 지키는 것을 연습한다.

15 | 관용

바다보다 넓은 것이 하늘이다. 하늘보다 넓은 것이 사람의 마음이다.

살다 보면 다른 사람과 충돌하거나 서로 오해하는 일이 생기기 마련입니다. 이런 일이 있을 때마다 사람들이 '눈에는 눈, 이에는 이'의 원칙을 내세운다면 우리 사회는 원한과 폭력으로 넘칠 것입니다. 우리에게 조금 손해가 되는 일이라도 마음에 담아두지 않는다면 의미 없는 논쟁을 피할 수 있습니다. 그렇게 되면 서로 미워하는 관계는 친근한 관계로 변하고 다른 사람들과 화목하게 지낼 수 있어요.

1 관용이란

좁은 의미에서 관용은 다른 사람의 실수, 무례한 행동 등을 마음에 담아두거나 따지지 않는 것을 말합니다. 넓은 의미의 관용은 서로 다른 생활방식, 가치관, 문화, 신앙, 성격, 취향 등을 존중하고 인정하는 태도를 지니며 남에게 자신의 의견을 강요하지 않는 것입니다. 좁은 의미와 넓은 의미를 모두 아우르는 관용의 의미는 자신과 다른 방식으로 살아가는 사람들을 이해하고 다른 사람의 선택  을 존중하는 것을 말하지요. 따라서 진정한 관용은 나약하고 능력이 없는 것을 의미하지 않습니다. 진정한 관용은 그 사람의 넓은 마음과 너그러움, 인내심과 지혜를 표현합니다. 관용은 인간관계의 윤활유로서 서로 간의 충돌을 막고 모두 화목하게 지낼 수 있게 하지요.

01 관용이 사회에 미치는 좋은 영향은 무엇인가요?

□ 가. 의미 없는 고집을 피할 수 있다.   □ 나. 의미 없는 증오를 피할 수 있다.

□ 다. 의미 없는 폭력을 피할 수 있다.   □ 라. 의미 없는 논쟁을 피할 수 있다.

02 좁은 의미의 관용을 지닌 사람들은 어떤 것들을 마음에 담아두지 않을까요?

(정답을 모두 고르세요)

□ 가. 다른 사람의 실수   □ 나. 다른 사람의 범죄

□ 다. 다른 사람의 게으름   □ 라. 다른 사람의 거짓말

□ 마. 생명 위협   □ 바. 다른 사람의 속임수

□ 사. 다른 사람의 무례한 행동

03 넓은 의미의 관용을 지닌 사람이 받아들일 수 있는 것은 무엇일까요?

(정답을 모두 고르세요)

□ 가. 서로 다른 세계관   □ 나. 서로 다른 종교

□ 다. 서로 다른 가치관   □ 라. 서로 다른 문화

□ 마. 서로 다른 성격   □ 바. 서로 다른 생활방식

□ 사. 서로 다른 취향

04 관용은 인간관계의 무엇과 같나요?

□ 가. 치약   □ 나.세수 비누

□ 다. 빨래 세제   □ 라. 윤활유

05 진정한 관용을 지닌 사람의 특징은 무엇인가요? (정답을 모두 고르세요)

□ 가. 경솔함   □ 나. 지혜   □ 다. 인내

□ 라. 너그러움   □ 마. 넓은 마음

06 관용을 지닌 사람은 어떻게 행동하나요? (정답을 모두 고르세요)

☐ 가. 논쟁을 피한다.

☐ 나. 다른 사람에 대해 편견을 가지지 않는다.

☐ 다. 다른 사람과 화목하게 지낸다.

☐ 라. 다른 사람의 실수를 마음에 담아 두지 않는다.

☐ 마. 다른 사람의 생활방식을 존중한다.

☐ 바. 서로 성격이 다르다는 것을 인정한다.

☐ 사. 매사에 꼬치꼬치 따지고 든다.

07 관용을 지니면 어떤 점이 좋을까요? (정답을 모두 고르세요)

☐ 가. 다른 사람들에게 존경받게 된다.

☐ 나. 다른 사람들에게 환영받는다.

☐ 다. 가정이 화목하다.

☐ 라. 사람들과 쉽게 친해진다.

☐ 마. 친구와 잘 지낸다.

☐ 바. 동생과 잘 지낸다.

☐ 사. 인생이 즐겁다.

08 좁은 의미와 넓은 의미를 모두 아우르는 관용의 의미는 무엇일까요?

☐ 가. 나와 다른 방식으로 살아가는 사람들의 존재를 인정한다.

☐ 나. 나와 피부색이 다른 사람들의 존재를 인정한다.

☐ 다. 나와 취미가 다른 사람들의 존재를 인정한다.

☐ 라. 나와 성격이 다른 사람들의 존재를 인정한다.

09 다음 중 좁은 마음을 지닌 사람의 행동은 무엇일까요? (정답을 모두 고르세요)

☐ 가. 다른 사람의 실수를 일일이 찾아낸다.

☐ 나. 다른 사람의 성격을 비난한다.

☐ 다. 자신의 의견을 남에게 강요한다.

☐ 라. '눈에는 눈, 이에는 이'의 사고방식을 갖는다.

☐ 마. 조금 손해보는 일도 참지 못한다.

☐ 바. 다른 사람과 논쟁하려 든다.

☐ 사. 다른 사람의 생활방식을 인정한다.

☐ 아. 다른 사람의 선택을 존중한다.

2 관용을 지닌 빌게이츠

마이크로소프트 *Microsoft* 사의 창업자인 빌 게이츠 *Bill Gates*는 친구의 소개로 여러 차례 개발자인 짐 알친 *Jim Allchin*을 만나려 했지만 매번 거절당했어요. 얼마 후 알친은 빌 게이츠의 끈질긴 요청으로 끝내 마이크로소프트 사를 방문하게 되었지요. 자만한 알친은 마이크로소프트 사의 소프트웨어는 세상에서 가장 형편없다고 비판하면서 자신을 스카우트하려는 이유를 물었어요. 그 비판을 듣고 난 후에도 빌 게이츠는 조금도 개의치 않았어요. 오히려 마이크로소프트 사의 소프트웨어가 형편없으니 회사에 들어와 소프트웨어를 개선해달라고 설득했어요. 빌 게이츠의 관용과 인내는 알친을 감동시켰고 그는 결국 마이크로소프트 사에 입사하게 되었습니다. 알친은 마이크로소프트 사에서 윈도우 개발을 전담하는 등 커다란 공헌을 했답니다.

01 빌 게이츠는 짐 알친을 스카우트하기 위해 무엇을 했나요? (정답을 모두 고르세요)

☐ 가. 끈질기게 만남을 요청했다.

☐ 나. 친구에게 소개를 부탁했다.

☐ 다. 여러 번 거절당했지만 포기하지 않았다.

☐ 라. 회사의 소프트웨어를 개선해달라고 설득했다.

☐ 마. 회사의 소프트웨어가 형편없다는 것을 인정했다.

☐ 바. 알친의 비판에 조금도 개의치 않았다.

02 알친은 어떻게 마이크로소프트 사의 소프트웨어를 비판했나요?

□ 가. 세계에서 제일 빠른 것이다.

□ 나. 세계에서 제일 비싼 것이다.

□ 다. 세계에서 제일 형편없는 것이다.

□ 라. 세계에서 제일 좋은 것이다.

03 알친은 마이크로소프트 사에 어떤 공헌을 했나요?

□ 가. 익스플로어 개발을 전담했다.

□ 나. 미디어 플레이어 개발은 전담했다.

□ 다. 윈도우 개발을 전담했다.

□ 라. 온라인 게임 개발을 전담했다.

04 마이크로소프트 사가 큰 성공을 거둘 수 있었던 이유는 무엇일까요?

□ 가. 운이 좋았기 때문이다.

□ 나. 빌 게이츠의 관용과 인내 때문이다.

□ 다. 다른 회사의 소프트웨어를 사 왔기 때문이다.

□ 라. 게임 개발에 투자했기 때문이다.

05 이 이야기에서 무엇을 배웠나요?

□ 가. 다른 사람의 비판은 무조건 듣지 말아야 한다.

□ 나. 관용을 지니면 성공할 수 있다.

□ 다. 자신의 단점을 최대한 숨겨야 한다.

□ 라. 친구의 도움은 거절해야 한다.

3 관용의 한계

관용에도 한계는 있습니다. 법을 어기거나 보편적 가치(생명 존중 등)를 해치는 경우에는 관용을 베풀어서는 안 됩니다. 범죄행위나 불의를 용납하는 것은 관용이 아니에요. 범죄나 불의를 보았을 때 그것을 못 본 척해서는 안 돼요. 불의를 저지는 사람이 누구든 간에 불의를 눈 감아 주어서는 안 됩니다. 여러 번 경고하였음에도 불구하고 행동을 고치지 않는 사람이 있다면 더 이상 타협하지 마세요. 욕심이 지나친 사람에게는 관용을 베풀지 말아야 합니다.

01 다음 중 관용을 베풀지 말아야 할 상황은 무엇일까요?

(정답을 모두 고르세요)

☐ 가. 법을 어긴다.

☐ 나. 여러 번 경고해도 행동을 고치지 않는다.

☐ 다. 생명을 존중하지 않는다.

☐ 라. 불의를 저지른 사람이 나의 친구다.

☐ 마. 보편적 가치를 해친다.

02 다음 중 관용을 베풀지 말아야 할 상황은 무엇일까요?

(정답을 모두 고르세요)

☐ 가. 개미를 마구 죽인다.

☐ 나. 도둑질을 한다.

☐ 다. 자전거 타기를 즐긴다.

☐ 라. 마약을 복용한다.

☐ 마. 시험칠 때 부정행위를 한다.

☐ 바. 목숨을 가볍게 여긴다.

☐ 사. 우표를 모은다.

4 관용을 배우세요

가정은 관용을 배우기에 가장 적합한 곳입니다. 가족이라 해도 각자의 취향, 행동, 성격 등이 모두 다를 수 있어요. 관용을 배우려면 자신이 다른 사람보다 뛰어나다고 생각하지 말아야 하며, 자신의 결점을 꼼꼼히 파악해야 합니다. 그래야 서로의 차이를 받아들일 수 있어요. 또한 다른 사람의 장점을 더욱 많이 발견하고 그것을 통해 배울 수 있지요. 또한 관용을 배우려면 다른 사람의 말을 귀담아 들어야 합니다. 다른 사람의 말에 귀 기울여야만 그들의 생각을 알게 되고, 평화로운 방법으로 서로의 차이를 이해할 수 있게 돼요. 뿐만 아니라 다른 사람의 입장에서 생각하는 것도 필요합니다.

01 관용을 배우기에 가장 적합한 곳은 어디일까요?

- ☐ 가. 교회
- ☐ 나. 공공기관
- ☐ 다. 가정
- ☐ 라. 학교

02 관용을 배울 때 자신의 결점을 파악해야 하는 이유는 무엇일까요?

- ☐ 가. 서로의 차이를 받아들일 수 있기 때문이다.
- ☐ 나. 서로의 취향이 다르기 때문이다.
- ☐ 다. 서로의 신념이 다르기 때문이다.
- ☐ 라. 서로의 장점이 다르기 때문이다.

03 관용을 배우려면 무엇을 해야 할까요?

(정답을 모두 고르세요)

- ☐ 가. 다른 사람의 입장에서 생각한다.
- ☐ 나. 자신의 입장에서 생각한다.
- ☐ 다. 자신이 다른 사람보다 뛰어나다고 생각하지 않는다.
- ☐ 라. 서로의 차이를 받아들인다.

☐ 마. 다른 사람의 결점을 꼼꼼히 파악한다.

☐ 바. 다른 사람의 말에 귀 기울인다.

04 다음 중 관용의 태도를 키울 수 있는 활동은 무엇일까요?

(정답을 모두 고르세요)

☐ 가. 텔레비전이나 인터넷을 통해 세계 곳곳의 문화를 접한다.

☐ 나. 다른 인종의 풍습을 알아본다.

☐ 다. 관용에 관한 책을 읽어본다.

☐ 라. 성격이 다른 사람과 자주 교류한다.

☐ 마. 지역사회활동에 자주 참여하면서 자신의 활동범위를 넓힌다.

☐ 바. 다른 나라의 소설을 읽는다.

☐ 사. 외국에 가서 현지인의 생활 및 문화 등을 관찰한다.

5 연습 : '관용 있는 태도'와 '관용 없는 태도'를 구분하세요.

01 누구나 실수할 수 있다.

☐ 가. 관용 있는 태도   ☐ 나. 관용 없는 태도

02 자신만이 옳다.

☐ 가. 관용 있는 태도   ☐ 나. 관용 없는 태도

03 사람들은 모두 장점과 단점이 있다.

☐ 가. 관용 있는 태도   ☐ 나. 관용 없는 태도

04 다른 사람의 비판을 늘 마음에 담아 두고 있다.

☐ 가. 관용 있는 태도 ☐ 나. 관용 없는 태도

05 다른 사람이 자신을 험담할 때 웃어넘기다.

☐ 가. 관용 있는 태도 ☐ 나. 관용 없는 태도

06 다른 사람을 늘 무시한다.

☐ 가. 관용 있는 태도 ☐ 나. 관용 없는 태도

07 서로 의견이 맞지 않는 사람과 함께 일을 한다.

☐ 가. 관용 있는 태도 ☐ 나. 관용 없는 태도

08 작은 일로 얼굴을 붉힌다.

☐ 가. 관용 있는 태도 ☐ 나. 관용 없는 태도

09 서로 양보하고 이해한다.

☐ 가. 관용 있는 태도 ☐ 나. 관용 없는 태도

10 친구의 성격을 존중한다.

☐ 가. 관용 있는 태도 ☐ 나. 관용 없는 태도

11 원망을 두려워하지 않는다.

　　□ 가. 관용 있는 태도　　　□ 나. 관용 없는 태도

12 친구의 생각이 자신의 생각과 다르다고 화를 낸다.

　　□ 가. 관용 있는 태도　　　□ 나. 관용 없는 태도

13 자기가 조금 손해보더라도 따지지 않는다.

　　□ 가. 관용 있는 태도　　　□ 나. 관용 없는 태도

14 다른 사람의 실수를 용서한다.

　　□ 가. 관용 있는 태도　　　□ 나. 관용 없는 태도

15 상대방의 무례함에 대해 논쟁하지 않는다.

　　□ 가. 관용 있는 태도　　　□ 나. 관용 없는 태도

16 자기가 조금 손해를 보더라도 다른 사람이 큰 손해를 입지 않게 한다.

　　□ 가. 관용 있는 태도　　　□ 나. 관용 없는 태도

17 성적이 자신보다 나쁜 학생이 선생님께 칭찬받는 것을 질투하지 않는다.

　　□ 가. 관용 있는 태도　　　□ 나. 관용 없는 태도

18 다른 사람에게 좋은 일이 생기면 기분 나빠한다.

□ 가. 관용 있는 태도   □ 나. 관용 없는 태도

6 생각해보기

나는 다른 사람의 비난을 마음에 담아 둔 적이 있다면 적어보세요.

_____

_____

_____

_____

_____

 제 15과 학습 포인트

✓ 좁은 의미의 관용은 다른 사람의 실수와 무례한 행동 등을 마음에 담아
  두지 않고 따지지 않는 것을 의미한다.

✓ 넓은 의미의 관용은 서로 다른 생활방식, 가치관, 문화, 신앙 등을 존중
  하고 인정하는 것이다.

✓ 진정한 관용은 넓은 마음과 인내심, 지혜와 너그러움의 표현이다.

✓ 관용은 범죄와 불의는 용납하지 않는다.

✓ 가정은 관용을 배울 수 있는 가장 적합한 곳이다.

✓ 우리는 관용의 태도를 지녀야 한다. 왜냐하면 사람은 누구나 단점이 있
  기 때문이다.

✓ 관용을 배우려면

  1. 다른사람의 입장에서 생각한다.

  2. 자신이 다른 사람보다 뛰어나다고 생각하지 않는다.

  3. 서로의 차이를 받아들인다.

  4. 다른 사람의 말에 귀 기울인다.

16 | 끈기

물방울이 바위를 뚫는 것은 물이 강하기 때문이 아니다. 그것이 끊임없이 떨어지기 때문이다.
세상에서 끈기를 대신할 수 있는 것은 없습니다. 아무리 머리가 좋다고 해도 마찬가지
입니다. 세상에는 머리가 좋은데도 불구하고 실패한 사람이 많아요. 그 어떤 천재라고
해도 끈기가 없다면 아무것도 할 수 없습니다. 오직 끈기만이 사람들을 성공으로 이끌
어요. 포기하지 않는다면 실패도 없기 때문입니다.

1 끈기란

끈기란 일단 어떤 일을 시작하면 그 어떤 어려움과 장애에 부딪쳐도 두려워하지 않는
것입니다. 또한 중도에 포기하지 않으며 끝까지 목표를 이루는 것을 말합니다. 끈기는
무언가를 간절히 바라는 마음과 의지를 통해서 발휘되는 것으로 우리가 계속해서 앞으
로 나아갈 수 있게 만들어주지요. 성공한 인생은 종유석처럼 오랜 시간에 거쳐 이루어
지는 것이며 고난을 헤쳐야 하는 것입니다.
성공은 하루 아침에 이룰 수 있는 것이 아닙
니다. 발명가 에디슨의 경우 전등을 발명하기
까지 3,120번의 실험을 거쳤어요. 또한 만화
영화 제작자 월트 디즈니는 312번이나 은행
에 찾아가 대출을 받을 수 있었답니다. 따라
서 우리도 끈기로 성공을 이뤄야 합니다.

01 다음 중 실패하지 않는 사람의 특징은 무엇인가요?

☐ 가. 거짓말을 한다.

☐ 나. 속임수를 쓴다.

☐ 다. 포기하지 않는다.

☐ 라. 노래를 잘한다.

02 끈기 있는 사람은 목표를 어떻게 달성하게 하나요?

☐ 가. 운명에 맡긴다.

☐ 나. 포기한다.

☐ 다. 힘든 일은 피하고 쉬운 일만 골라한다.

☐ 라. 중도에 포기하지 않는다.

03 끈기는 다음 중 무엇을 통해 발휘되나요?

(정답을 모두 고르세요)

☐ 가. 흥미

☐ 나. 포부

☐ 다. 의지

☐ 라. 결심

☐ 마. 꿈

☐ 바. 무언가를 간절히 바라는 마음

04 발명가 에디슨은 몇 번의 실험을 거쳐 전등을 발명하였나요?

☐ 가. 2번

☐ 나. 12번

☐ 다. 312번

☐ 라. 3,120번

05 미국의 만화영화 제작자 월트 디즈니는 은행에 몇 번을 찾아가 대출을 받을 수
있었나요?

☐ 가. 2번

☐ 나. 12번

☐ 다. 312번

☐ 라. 3,120번

06 우리는 어떻게 해야 스케이트 타는 법을 배울 수 있을까요?

☐ 가. 스케이트를 타보지 않은 사람에게 가르쳐달라고 한다.

☐ 나. 넘어져도 포기하지 않는다.

☐ 다. 고급스러운 스케이트장에서 연습한다.

☐ 라. 비싼 스케이트 화를 신는다.

07 이솝우화에서 거북이는 어떻게 토끼를 이길 수 있었을까요?

☐ 가. 거북이는 중도에 포기하지 않고 끝까지 달렸다.

☐ 나. 토끼는 경기에서 이기고 싶지 않았다.

☐ 다. 토끼는 일부러 거북이에게 져주었다.

☐ 라. 거북이는 처음부터 끝까지 자전거를 타고 갔다.

08 다음 중 오랜 시간을 거쳐 형성되는 것은 무엇일까요?

☐ 가. 종유석

☐ 나. 무지개

☐ 다. 비

☐ 라. 눈

09 끈기로 자신의 목표를 이루어야 하는 사람은 누구일까요?

(정답을 모두 고르세요)

☐ 가. 운동선수

☐ 나. 기업가

☐ 다. 과학자

☐ 라. 발명가

☐ 마. 예술가

☐ 바. 선교사

10 우리가 끈기로 이룰 수 있는 일은 어떤 것이 있을까요? (정답을 모두 고르세요)

☐ 가. 꿈을 실현한다.

☐ 나. 몸을 단련하다.

☐ 다. 피아노를 배운다.

☐ 라. 시험 성적을 올린다.

☐ 마. 영어를 공부한다.

☐ 바. 숙제를 끝낸다.

☐ 사. 친구네 집에 놀러간다.

☐ 아. 해외에서 휴가를 보낸다.

2 실베스터 스탤론의 이야기

영화 〈록키〉로 유명한 할리우드의 영화배우 실베스터 스탤론 *Sylvester Stallone*은 1946년 미국 뉴욕의 가난한 이민 가정에서 태어났어요. 노름꾼 아버지와 알콜중독자 어머니 밑에서 자란 그는 어린시절 부모님의 이혼으로 고아가 되었어요. 고아가 된 스탤론은 어느 부부의 양자가 되었지요. 어른이 된 후 그는 대학에서 연극을 전공하고 많은 영화의 조연을 맡았어요. 1976년에는 직접 〈록키〉의 시나리오를 썼습니다. 그리고 자신이 주인공으로 출연하는 조건으로 500개가 넘는 영화사를 찾아다녔지만 모두 거절당했어요. 하지만 그는 좌절하지 않고 계속해서 영화사를 찾아다녔습니다. 1,300여 번을 거절당한 후에 마침내 한 영화사에서 그의 제안을 받아들였어요. 영화가 개봉되자마자 언론의 관심을 받으며 엄청나게 많은 관객을 동원했습니다. 무명이었던 스탤론은 세계적인 스타가 되었고 할리우드의 영향력 있는 배우 중에 한 사람이 되었지요.

01 실베스터 스탤론의 어린 시절은 어땠나요? (정답을 모두 고르세요)

☐ 가. 어머니는 알콜중독자였다.

☐ 나. 어릴 때 부모가 이혼을 하였다.

☐ 다. 고아가 되었다.

☐ 라. 가난한 이민 가정에서 태어났다.

☐ 마. 양부모에 의해 양육되었다.

☐ 바. 아버지는 노름꾼이었다.

02 스탤론을 세계적인 스타로 만들어 준 영화는 무엇일까요?

☐ 가. 클리프행어

☐ 나. 데이라이트

☐ 다. 람보

☐ 라. 록키

03 스탤론은 몇 개의 영화사를 찾아다녔나요?

☐ 가. 200개

☐ 나. 300개

☐ 다. 400개

☐ 라. 500개

04 스탤론은 몇 번이나 거절당한 후에 성공했나요?

☐ 가. 약 1,100회

☐ 나. 약 1,200회

☐ 다. 약 1,300회

☐ 라. 약 1,400회

05 스탤론의 이야기에서 무엇을 배웠나요?

☐ 가. 미국에 가서 경제학을 전공해야 한다.

☐ 나. 할리우드에 가서 음식을 팔아야 한다.

☐ 다. 포기하지 않으며 실패하지 않는다.

☐ 라. 시나리오만 쓰면 무조건 성공한다.

3 끈기를 배우세요

(1) 목표를 세운다.

자신에게 적합한 목표를 세웁니다. 그 목표는 명확하고 실천가능한 것이어야 합니다. 또한 목표를 이루기까지의 기간을 정합니다.

(2) 목표를 이루어야 하는 이유를 찾는다.

어떤 일에 대한 이유가 분명하면 그것이 동기가 되어 어려움을 이겨낼 수 있습니다.

(3) 결심한다.

진정한 결심은 자신이 '꼭' 갖고 싶은 것이 무엇인지를 결정하는 것입니다. 즉 그것을 가질 때까지 절대 그만두지 않겠다고 다짐하는 것입니다.

(4) 작은 목표부터 시작한다.

큰 목표를 여러 개의 작은 목표로 나눈 다음 하나하나 완성해 나가야 합니다. 왜냐하면 작은 목표는 짧은 시간 내에 성취할 수 있기 때문입니다. 그러면 성취감도 쉽게 느낄 수 있습니다. 이를 통해 포기하지 않는 습관을 키워야 합니다.

(5) 자신을 격려한다.

위인들의 이야기를 읽거나 자신의 목표와 관련 있는 영화를 보는 활동을 통해 자신을 격려합니다. 또한 미션 수첩을 만들어 자신의 목표를 적고 그것을 아침저녁으로 소리 내어 읽어봅니다. 자신의 목표를 잘 보이는 곳에 붙여놓는 것도 하나의 방법입니다.

01 좋은 목표란 어떤 것일까요?

(정답을 모두 고르세요)

☐ 가. 내일까지 이룰 수 있는 것이어야 한다.

☐ 나. 이루지 못해도 상관없는 것이어야 한다.

☐ 다. 명확해야 한다.

☐ 라. 실천가능해야 한다.

☐ 마. 목표를 이루기까지의 기간을 정해야 한다.

02 우리는 왜 목표를 이루어야 하는 이유를 찾아야 하나요?

☐ 가. 동기가 부여되어 어려움을 이겨낼 수 있다.

☐ 나. 자신의 장점을 찾아 어려움을 이겨낼 수 있다.

☐ 다. 자신의 단점을 찾아 어려움을 이겨낼 수 있다.

☐ 라. 자신의 분노를 찾아 어려움을 이겨낼 수 있다.

03 결심한다는 것의 의미는 무엇일까요?

☐ 가. 자신이 제일 먼저 갖고 싶은 것이 무엇인지를 결정하는 것이다.

☐ 나. 자신이 꼭 갖고 싶은 것이 무엇인지를 결정하는 것이다.

☐ 다. 자신이 제일 나중에 갖고 싶은 것이 무엇인지를 결정하는 것이다.

☐ 라. 자신이 좋아하는 것이 무엇인지를 결정하는 것이다.

04 큰 목표를 여러 개의 작은 목표로 나누어야 하는 이유는 무엇인가요?

(정답을 모두 고르세요)

□ 가. 작은 목표가 더 중요하기 때문이다.

□ 나. 큰 목표는 이룰 수 없기 때문이다.

□ 다. 큰 목표는 짧은 시간 내에 실현하기 어려우므로 쉽게 포기하지 않는다.

□ 라. 작은 목표는 짧은 시간 내에 실현할 수 있으므로 쉽게 성취감을 느낄 수 있다.

05 자신을 격려하는 방법은 무엇일까요? (정답을 모두 고르세요)

□ 가. 작은 목표를 달성할 때까지 굶는다.

□ 나. 자신의 목표와 관련 있는 영화를 본다.

□ 다. 미션 수첩을 만들어 자신의 목표를 적는다.

□ 라. 아침 저녁으로 자신의 목표를 소리내어 읽는다.

□ 마. 자신의 목표를 잘 보이는 곳에 붙여놓는다.

□ 바. 목표를 꼭 이룰 필요는 없다고 생각한다.

□ 사. 위인들의 이야기를 읽는다.

4 끈기를 바르게 사용하세요.

끈기는 중요한 미덕입니다. 끈기는 우리가 목표를 절대 포기하지 않게 하지요. 끈기만 있다면 얼마나 많은 노력이 필요하고, 얼마나 많은 장애가 있는가는 중요하지 않습니다. 우리는 목표가 자신에게 맞는 것인지 철저히 분석해봐야 합니다. 자신에게 맞지 않는 목표를 고집한다면 이 세상에 아무 도움도 안 되는 사람이 될 수 있어요. 다른 사람의 결점을 들춰내고 사람들의 미움을 받는 사람이 될 뿐입니다. 따라서 끈기는 반드시 다른 미덕과 함께 사용되어야 합니다. 그래야만 자신과 다른 사람의 운명이 달라지게 할 수 있어요. 궁극적으로는 인류가 더욱 발전하고 세상이 더욱 아름다워질 수 있어요.

01 자신에게 맞지 않는 목표를 고집하는 사람의 특징은 무엇일까요?

(정답을 모두 고르세요)

☐ 가. 다른 사람의 결점을 들춰낸다.

☐ 나. 지혜롭다.

☐ 다. 사람들의 미움을 받는다.

☐ 라. 지능이 높다.

☐ 마. 변하는 상황에 빠르게 적응한다.

☐ 바. 세상을 원망한다.

02 끈기는 무엇과 결합되어야 세상을 더욱 아름답게 할 수 있을까요?

☐ 가. 다른 미덕

☐ 나. 친구

☐ 다. 재능

☐ 라. 재미

5 연습 : '끈기 있는 태도'와 '끈기 없는 태도'를 구분하세요.

01 매일 1킬로미터씩 걸으면 결국 세계를 한 바퀴 돌 수 있다.

☐ 가. 끈기 있는 태도   ☐ 나. 끈기 없는 태도

02 어떤 일을 하다가 싫증나면 그만둔다.

☐ 가. 끈기 있는 태도   ☐ 나. 끈기 없는 태도

03 인생이나 사업은 모두 마라톤과 같다.

☐ 가. 끈기 있는 태도   ☐ 나. 끈기 없는 태도

04 중도에서 그만두다.

☐ 가. 끈기 있는 태도   ☐ 나. 끈기 없는 태도

05 시작하면 끝을 본다.

☐ 가. 끈기 있는 태도   ☐ 나. 끈기 없는 태도

06 참고 견딘다.

☐ 가. 끈기 있는 태도   ☐ 나. 끈기 없는 태도

07 끊임없이 앞으로 나아간다.

☐ 가. 끈기 있는 태도   ☐ 나. 끈기 없는 태도

08 어디서 넘어지든 간에 그 자리에서 다시 시작한다.

☐ 가. 끈기 있는 태도   ☐ 나. 끈기 없는 태도

09 용기를 내어 앞으로 계속 나아간다.

☐ 가. 끈기 있는 태도   ☐ 나. 끈기 없는 태도

10 마음에 흔들림 없이 용감하게 나아간다.

　　□ 가. 끈기 있는 태도　　□ 나. 끈기 없는 태도

11 끝까지 해낸다.

　　□ 가. 끈기 있는 태도　　□ 나. 끈기 없는 태도

12 현재 상태에 만족한다.

　　□ 가. 끈기 있는 태도　　□ 나. 끈기 없는 태도

13 발전할 생각을 하지 않는다.

　　□ 가. 끈기 있는 태도　　□ 나. 끈기 없는 태도

14 절대 실패했다고 말하지 않는다.

　　□ 가. 끈기 있는 태도　　□ 나. 끈기 없는 태도

15 실패를 두려워한다.

　　□ 가. 끈기 있는 태도　　□ 나. 끈기 없는 태도

16 절대 포기하지 않는다.

　　□ 가. 끈기 있는 태도　　□ 나. 끈기 없는 태도

17 실패해도 다시 시도한다.

　　□ 가. 끈기 있는 태도　　　□ 나. 끈기 없는 태도

18 매일 목표를 소리 내어 읽는다.

　　□ 가. 끈기 있는 태도　　　□ 나. 끈기 없는 태도

6 생각해보기

자신이 끝까지 이루어야 할 목표는 무엇인지 적어보세요.

_____

_____

_____

_____

_____

_____

_____

_____

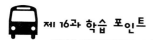 제 16과 학습 포인트

✓ 포기하지 않다면 실패도 없다.

✓ 끈기란 일을 할 때 어떤 어려움이나 장애에 부딪쳐도 중도에 포기하지 않으며 끝까지 목표를 이루는 것을 말한다.

✓ 끈기는 무언가를 간절히 바라는 마음과 의지를 통해 발휘된다.

✓ 끈기를 키우는 방법

1. 목표를 만든다.

2. 목표를 이루어야 하는 이유를 찾는다.

3. 결심한다.

4. 작은 목표부터 시작한다.

5. 자신을 격려한다.

✓ 끈기가 힘을 발휘하려면 다른 미덕과 함께 사용되어야 한다.

부모님과 함께 각각의 가치관에 점수를 매기고, 어떤 면에서 더 노력해야 하는지 적어
보세요

1 감사

점수	더 노력할 점 :

2 나눔

점수	더 노력할 점 :

3 책임

점수	더 노력할 점 :

4 용기

점수	더 노력할 점 :

5 존중

점수	더 노력할 점 :

6 연민

점수	더 노력할 점 :

7 정직

점수	더 노력할 점 :

8 인내

점수	더 노력할 점 :

9 협동

점수	더 노력할 점 :

10 용서

점수

더 노력할 점 :

11 겸손

점수

더 노력할 점 :

12 공감

점수

더 노력할 점 :

13 공평

점수

더 노력할 점 :

14 신용

점수

더 노력할 점 :

15 관용

점수	더 노력할 점 :

16 끈기

점수	더 노력할 점 :

사람들마다 생각이 다를 수 있어요. 어떤 답이 절대적으로 옳다고 말할 수 없기 때문에 여기에 있는 답은 참고답안일 뿐이지 정답이 아니랍니다. 그리고 혹시 답이 나와 있지 않은 문제는 여러분이 자유롭게 생각하면 됩니다.

제1과

1

01 ㉯ 02 모두 정답 03 ㉯ 04 ㉯, ㉰, ㉱ 05 ㉯

2

01 ㉯ 02 ㉴ 03 ㉴ 04 ㉮ 05 ㉯ 06 ㉴ 07 ㉯

3

01 ㉮ 02 정답 없음 03 ㉮

4

01 ㉯ 02 ㉯ 03 정답 없음 04 모두 정답

제2과

1

01 ㉯ 02 ㉮, ㉯, ㉴, ㉱, ㉲ 03 ㉴ 04 모두 정답 05 ㉮, ㉯, ㉰, ㉴, ㉱, ㉳, ㉵

2

01 ㉯ 02 ㉰ 03 ㉯ 04 ㉴ 05 ㉰ 06 ㉰ 07 ㉯, ㉴, ㉱, ㉲ 08 ㉯

3

01 ㉰ 02 ㉰ 03 ㉮ 04 ㉴ 05 ㉴

4

01 ㉯ 02 ㉮ 03 ㉯ 04 ㉮ 05 ㉮ 06 ㉮ 07 ㉯

08 ㉯ 09 ㉯ 10 ㉮ 11 ㉮ 12 ㉯ 13 ㉯ 14 ㉮

제3과

1

01 ㉮, ㉰, ㉱, ㉯   02 ㉱   03 ㉮, ㉯, ㉰, ㉲, ㉳   04 모두 정답

05 ㉯, ㉰, ㉱, ㉲, ㉳   06 ㉮, ㉯, ㉰, ㉱, ㉯   07 ㉰

08 ㉮, ㉯, ㉰, ㉱, ㉲, ㉳   09 ㉯   10 ㉱   11 ㉯

2

01 ㉯   02 ㉯   03 ㉯   04 ㉮   05 ㉰   06 ㉱

3

01 ㉱   02 ㉯   03 ㉰   04 ㉮   05 ㉰   06 ㉮   07 ㉮   08 ㉯

4

01 ㉮   02 ㉯   03 ㉮   04 ㉯   05 ㉯   06 ㉯   07 ㉮   08 ㉮   09 ㉮   10 ㉮   11 ㉯   12 ㉮

제4과

1

01 ㉱   02 ㉯, ㉱, ㉳   03 ㉰   04 ㉱   05 모두 정답   06 ㉯   07 ㉮, ㉰, ㉱, ㉲, ㉳, ㉴

2

01 ㉰   02 ㉱   03 ㉮   04 ㉰   05 ㉮

3

01 ㉰   02 ㉱   03 ㉮   04 ㉯, ㉰, ㉱, ㉳

4

01 ㉮   02 ㉮   03 ㉮   04 ㉮   05 ㉮   06 ㉮   07 ㉮   08 ㉮   09 ㉮   10 ㉯

11 ㉮   12 ㉮   13 ㉮   14 ㉯   15 ㉯   16 ㉮   17 ㉮   18 ㉮   19 ㉮   20 ㉮

제5과

1

01 ㉯, ㉰, ㉱, ㉲   02 ㉰   03 모두 정답   04 ㉱   05 ㉮, ㉰, ㉱, ㉲, ㉳

06 ㉮   07 모두 정답   08 모두 정답

2

01 ㉠   02 ㉣   03 ㉠   04 ㉡   05 ㉣

3

01 ㉡   02 ㉠   03 ㉡   04 ㉣   05 ㉡

4

01 ㉡   02 ㉠   03 ㉡   04 ㉠   05 ㉡   06 ㉠   07 ㉠   08 ㉡   09 ㉡   10 ㉡

11 ㉡   12 ㉡   13 ㉡   14 ㉡   15 ㉠   16 ㉠   17 ㉠   18 ㉠   19 ㉠   20 ㉠

제6과

1

01 ㉣   02 ㉣   03 ㉡   04 ㉠, ㉡, ㉢, ㉣   05 ㉣   06 ㉡   07 ㉣   08 ㉡, ㉣, ㉻

2

01 ㉡, ㉢, ㉣   02 ㉡   03 ㉣   04 ㉢

3

01 ㉡   02 ㉡   03 ㉢   04 ㉣   05 ㉡   06 ㉣

4

01 ㉠   02 ㉠   03 ㉠   04 ㉠   05 ㉠   06 ㉠   07 ㉠   08 ㉡   09 ㉡   10 ㉡

11 ㉠   12 ㉠   13 ㉠   14 ㉠   15 ㉠   16 ㉠

제7과

1

01 모두 정답   02 ㉠   03 ㉠, ㉡, ㉢, ㉻, ㉼   04 ㉠, ㉢, ㉱, ㉻

05 모두 정답   06 ㉠, ㉡, ㉢   07 ㉢   08 ㉢

2

01 ㉢   02 ㉣   03 ㉢   04 ㉡

3

01 ㉢   02 ㉠, ㉢, ㉣, ㉱, ㉻   03 ㉢   04 모두 정답

4

01 ㉮, ㉯, ㉱, ㉲   02 ㉮, ㉰, ㉱, ㉲   03 ㉰   04 ㉮

제8과

1

01 ㉮, ㉣   02 ㉣   03 ㉯   04 모두 정답   05 ㉯   06 ㉮, ㉯, ㉰, ㉣, ㉲

07 모두 정답   08 ㉮, ㉰, ㉣, ㉱

2

01 ㉯   02 ㉯, ㉣   03 ㉯, ㉲   04 ㉯   05 ㉣

3

01 ㉯, ㉰, ㉱, ㉲   02 ㉯   03 ㉯, ㉣, ㉱, ㉲

4

01 ㉮   02 ㉮   03 ㉯   04 ㉮   05 ㉮   06 ㉮   07 ㉮   08 ㉮   09 ㉯

10 ㉯   11 ㉮   12 ㉮   13 ㉮   14 ㉮   15 ㉮

제9과

1

01 ㉯, ㉰, ㉣, ㉱, ㉲, ㉳, ㉴   02 ㉰   03 ㉯   04 ㉰   05 ㉣   06 ㉣   07 ㉰

08 ㉯, ㉣, ㉲   09 모두 정답   10 모두 정답

2

01 ㉮, ㉰, ㉣, ㉲   02 ㉯, ㉲   03 모두 정답   04 ㉯   05 ㉯

3

01 ㉰, ㉣, ㉱   02 ㉮, ㉯   03 ㉮, ㉰, ㉣, ㉱, ㉲   04 ㉮, ㉯, ㉰, ㉣, ㉱, ㉲, ㉳   05 ㉰

4

01 ㉮   02 ㉮   03 ㉯   04 ㉮   05 ㉮   06 ㉮   07 ㉯   08 ㉮   09 ㉮

10 ㉮   11 ㉮   12 ㉮   13 ㉮   14 ㉮   15 ㉯   16 ㉮

제10과

1

01 ④   02 ㉣   03 ㉮, ㉰, ㉺   04 모두 정답   05 ㉰   06 ㉯

07 ㉮, ㉣, ㉺, ㉳, ㉴   08 ㉮, ㉣, ㉺   09 ㉣

2

01 ㉰   02 ㉰   03 ㉮, ㉣   04 ㉰

3

01 ㉰, ㉺   02 ㉮, ㉣, ㉸, ㉺   03 ㉣   04 ㉯   05 ㉯   06 ㉣

4

01 ㉯ 02 ㉯ 03 ㉮ 04 ㉮ 05 ㉮ 06 ㉯ 07 ㉯ 08 ㉮ 09 ㉯ 10 ㉯

11 ㉯ 12 ㉮ 13 ㉮ 14 ㉯ 15 ㉮ 16 ㉮ 17 ㉯ 18 ㉮ 19 ㉰ 20 ㉯

제11과

1

01 ㉯, ㉰, ㉸   02 ㉣   03 ㉮   04 ㉰   05 ㉮, ㉯, ㉰, ㉣, ㉸   06 ㉰

07 ㉮, ㉰, ㉣, ㉸   08 모두 정답   09㉰   10 ㉣

2

01 ㉰   02 ㉯   03 ㉰   04 ㉮   05 ㉰

3

01 ㉣   02 ㉣   03 ㉣   04 ㉯, ㉣, ㉸

4

01 ㉮ 02 ㉯ 03 ㉯ 04 ㉮ 05 ㉯ 06 ㉮ 07 ㉯ 08 ㉯ 09 ㉯ 10 ㉮

11 ㉮ 12 ㉯ 13 ㉯ 14 ㉯ 15 ㉮ 16 ㉯ 17 ㉮ 18 ㉯

제12과

1

01 ㉮, ㉯, ㉺   02 모두 정답   03 ㉣   04 ㉣   05 ㉣, ㉸, ㉺   06 ㉰, ㉺

07㉮, ㉯, ㉰, ㉸, ㉺   08 ㉣   09 ㉮

2

01 ㉯　02 ㉴　03 ㉮　04 ㉴

3

01 ㉮, ㉱, ㉲　02 ㉴　03 ㉮　04 ㉰

4

01 ㉮　02 ㉮　03 ㉮　04 ㉮　05 ㉮　06 ㉯　07 ㉯　08 ㉮　09 ㉮　10 ㉮

11 ㉮　12 ㉮　13 ㉮　14 ㉯　15 ㉮　16 ㉯　17 ㉯　18 ㉯　19 ㉮　20 ㉮

제13과

1

01 모두 정답　02 ㉯　03 모두 정답　04 ㉴　05 ㉯　06 ㉰　07 ㉰　08 ㉴

2

01 ㉴　02 ㉮　03 ㉰　04 ㉰

3

01 ㉯　02 ㉯　03 모두 정답　04 ㉴

4

01 ㉯　02 ㉯　03 ㉯　04 ㉮　05 ㉮　06 ㉮　07 ㉮　08 ㉯　09 ㉯

10 ㉯　11 ㉮　12 ㉯　13 ㉰　14 ㉯　15 ㉮　16 ㉯　17 ㉯　18 ㉮

제14과

1

01 ㉰　02 ㉴　03 ㉮　04 모두 정답　05 ㉮, ㉯, ㉰, ㉱　06 ㉮　07 ㉴　08 ㉯

2

01 ㉯　02 ㉴　03 ㉮　04 ㉰　05 ㉯

3

01 ㉯　02 ㉴　03 ㉮　04 ㉴　05 ㉯, ㉰, ㉱, ㉳, ㉵, ㉶, ㉷

4

01 ㉯　02 ㉮　03 ㉮　04 ㉮　05 ㉮　06 ㉮　07 ㉮　08 ㉮　09 ㉯　10 ㉯　11 ㉯

12 ㉮　13 ㉮　14 ㉯

제15과

1

01 ㉣   02 ㉮, ㉯   03 모두 정답   04 ㉣   05 ㉯, ㉰, ㉣, ㉱   06 ㉮, ㉯, ㉰, ㉣, ㉱, ㉲
07 모두 정답   08 ㉮   09 ㉮, ㉯, ㉰, ㉣, ㉱, ㉲

2

01 모두 정답   02 ㉰   03 ㉰   04 ㉯   05 ㉯

3

01 모두 정답   02 ㉮, ㉯, ㉣, ㉱, ㉲

4

01 ㉰   02 ㉮   03 ㉮, ㉰, ㉣, ㉲   04 모두 정답

5

01 ㉮   02 ㉯   03 ㉮   04 ㉯   05 ㉮   06 ㉯   07 ㉮   08 ㉯   09 ㉮   10 ㉮
11 ㉮   12 ㉯   13 ㉮   14 ㉮   15 ㉮   16 ㉮   17 ㉮   18 ㉯

제16과

1

01 ㉰   02 ㉣   03 ㉰, ㉲   04 ㉣   05 ㉰   06 ㉯   07 ㉮   08 ㉮   09 모두 정답
10 ㉮, ㉯, ㉰, ㉣, ㉱, ㉲

2

01 모두 정답   02 ㉣   03 ㉣   04 ㉰   05 ㉰

3

01 ㉰, ㉣, ㉱   02 ㉮   03 ㉯   04 ㉣   05 ㉯, ㉰, ㉣, ㉱, ㉯

4

01 ㉮, ㉰, ㉲   02 ㉮

5

01 ㉮   02 ㉯   03 ㉮   04 ㉯   05 ㉮   06 ㉮   07 ㉮   08 ㉮   09 ㉮   10 ㉮   11 ㉮
12 ㉯   13 ㉯   14 ㉮   15 ㉯   16 ㉮   17 ㉮   18 ㉮

지은이

리앙즈웬(梁志援)

저자는 홍콩 이공대학과 마카오 동아대학(마카오대학)에서 경영관리 학사학위, 마케팅 학사학위와 석사학위를 받았으며, 아동 사고(思考) 훈련 및 컴퓨터 교육 분야에서 많은 현장 경험을 가지고 있다. 현재 홍콩 컴퓨터학회, 영국 특허마케팅학회, 홍콩 컴퓨터교육학회와 홍콩 인터넷교육학회 회원으로 활동하고 있다. 또한 컴퓨터 과학기술, 심리학, 신경언어학(NLP)을 통해 아동과 청소년 양성에 주력해왔다. 그는 또한 사고방법, 교수법, 잠재의식 운영, 심리학 등의 관련 학문을 공부했다.

홈페이지 www.youngthinker.net

옮긴이

리선애

중국에 거주하고 있으며 길림성 연변대학 신문방송학과를 졸업하고 연변라디오텔레비전신문사에서 3년간 기자생활을 했다. 현재 연변인민출판사에서 편집자로 근무 중이며 번역업무도 하고 있다.

한언의 사명선언문

Since 3rd day of January, 1998

Our Mission　── · 우리는 새로운 지식을 창출, 전파하여 전 인류가 이를 공유케 함으로써 인류문화의 발전과 행복에 이바지한다.

　　　　　　── · 우리는 끊임없이 학습하는 조직으로서 자신과 조직의 발전을 위해 쉼없이 노력하며, 궁극적으로는 세계적 컨텐츠 그룹을 지향한다.

　　　　　　── · 우리는 정신적, 물질적으로 최고 수준의 복지를 실현하기 위해 노력하며, 명실공히 초일류 사원들의 집합체로서 부끄럼없이 행동한다.

Our Vision　　한언은 컨텐츠 기업의 선도적 성공모델이 된다.

저희 한언인들은 위와 같은 사명을 항상 가슴 속에 간직하고
좋은 책을 만들기 위해 최선을 다하고 있습니다.
독자 여러분의 아낌없는 충고와 격려를 부탁드립니다.
· 한언 가족 ·

HanEon's Mission statement

Our Mission　── · We create and broadcast new knowledge for the advancement and happiness of the whole human race.

　　　　　　── · We do our best to improve ourselves and the organization, with the ultimate goal of striving to be the best content group in the world.

　　　　　　── · We try to realize the highest quality of welfare system in both mental and physical ways and we behave in a manner that reflects our mission as proud members of HanEon Community.

Our Vision　　HanEon will be the leading Success Model of the content group.